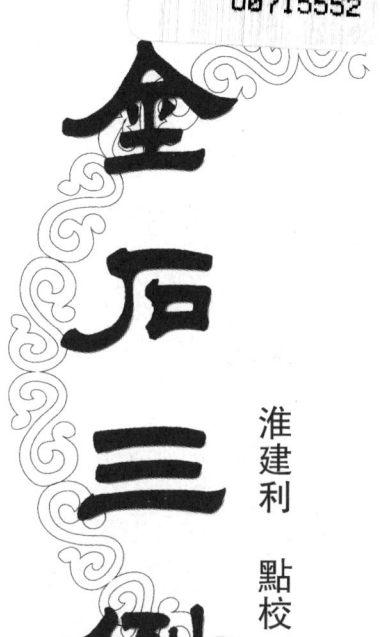

金石三例

淮建利 點校

中州古籍出版社

圖書在版編目（CIP）數據

金石三例／淮建利點校．—鄭州：中州古籍出版社，2015.10

ISBN 978-7-5348-5621-1

Ⅰ．①金…　Ⅱ．①淮…　Ⅲ．①金石學－中國－古代　Ⅳ．①K877.24

中國版本圖書館 CIP 數據核字（2015）第 231048 號

責任編輯：王小方
責任校對：孫　波
出版社：中州古籍出版社
　　　　（地址：鄭州市經五路 66 號　郵政編碼：450002）
發行單位：新華書店
承印單位：鄭州新海岸電腦彩色製印有限公司
開本：710 mm×1000mm　1/16　　印張：15.75
字數：160 千字　　　　　　　　印數：1—2000 冊
版次：2015 年 10 月第 1 版　　　印次：2015 年 10 月第 1 次印刷

定價：32.00 元

本書如有印裝質量問題，由承印廠負責調換。

前　言

《金石三例》包括元代潘昂霄的《金石例》、明代王行的《墓銘舉例》與清初黃宗羲的《金石要例》三部著作，由盧見曾於乾隆二十年（1755）以雅雨堂刻本彙編為一書，是研究碑志義例之學的三部重要著作。

《金石例》是現存最早的系統研究我國古代碑志文義例之學的著作。《金石例》的作者潘昂霄，《元史》無傳，據至正五年（1345）傅貴全、楊本所作的《金石例》序稱，潘昂霄是濟南人，"字景梁，學者稱之曰蒼崖先生，官至翰林侍讀學士、通奉大夫，諡文僖"。他曾"歷事六朝，出入翰苑餘二十年，凡經指授者，皆有法度，朝野至今稱之"。與潘昂霄同朝為官的柳貫在國子監任職期間，親睹了潘昂霄編撰《金石例》的情形，并在元統二年（1334）為《金石例》作序云：

> 昔予入教國子，潘文簡公以集賢侍讀學士領大司成，每休暇造公，見其簡册紛披，筆墨交錯，稍即問公，此何為邪？公曰："吾修《金石例》，彙聚既繁，資取亦富，固若是耳。"予甚疑焉，以為言之精者為文，推原事始，究極物變，抑揚開闔，傍通互用，求之於例，例盡則止，孰若求之無例之例

为有得乎？方將從公竊疑而公歿，於是餘十年矣。公之嗣子、同知嘉定州事某乃出斯文，言將刻梓以承公志，請予序，予蓋始得而觀之。斯例也，先括例，次類例，取於韓氏者十嘗八九，謂韓之鉅文，起八代之衰，蕝而反之於正，有《春秋》"屬辭比事"之教焉，而例在其中矣。懿哉，公之用心也，肆今而後冶金伐石，誄德銘功，示一王之製作，垂景鑠於無窮，則斯例之傳，其亦有功於韓者哉！由是而充之，雖至於《春秋》《史記》可也①。

從這篇序文看，潘昂霄編撰《金石例》時所擔任的官職是"集賢侍讀學士領大司成"。柳貫於延祐六年（1319）任國子助教，至治元年（1321）至泰定元年（1324）任國子博士②，當元統二年（1334）應潘昂霄之子的請求為《金石例》作序時，潘昂霄已經去世十年了，由此可以推知潘昂霄去世的準確時間是泰定二年（1325）。柳貫的序文除了潘昂霄的諡號與前述有所不同外③，清楚地交代了潘昂霄編撰《金石例》的具體情形以及柳貫本人當時對"求之於例"的疑惑，同時又表露了柳貫看到《金石例》以後對此書的推崇之意，稱贊此書"有《春秋》'屬辭比事'之教焉，而例在其中矣"，"雖至於《春秋》《史記》可也"。十幾年後，潘昂霄之子潘敏中的同僚王思明於至正八年（1348）為《金石

---

① 柳貫：《待制集》卷一七《〈金石例〉序》。
② 宋濂：《故翰林待制承務郎兼國史院編修官柳先生（貫）行狀》，《文憲集》卷二五。
③ 明人何喬新已經發現柳貫和楊本、傅貴全對於潘昂霄諡號記載的差異，他在《題金石例後》中指出，"然柳序稱公諡曰'文簡'，而楊、傅諸君子稱之曰'文僖'，豈先諡文簡後改文僖邪？抑傳錄之訛邪？姑缺之，以俟知者"。見《椒邱文集》卷一八。

例》作序也有類似的議論：

> 後世之文，莫重於金石。蓋所以發潛德、誅姦諛、著當今、示方來者也。如是而不知義例，其不貽鳴吠之誚也幾希。翰林蒼崖潘先生，動必稽古，取先代碩儒所為文，類而集之，題曰《金石例》，視傳《春秋》者所言，如合符節，俾夫攷古者知古人用意之所在，而學古者有所矜式而不敢肆。

柳貫、王思明的這些正面評價雖有褒揚過當之嫌，但也的確說明了《金石例》在碑誌文義例研究方面所做的開創性貢獻，而且這一貢獻至今仍為學術界所公認。

在肯定《金石例》有關碑誌文義例研究重要價值的同時，必須看到《金石例》並非單純的關於碑誌文義例的著述，全書十卷共涵蓋三個方面內容：（1）第一卷至第五卷考察了碑碣、墓誌的起源、形制以及石人羊虎柱制度，列舉了相關的碑式、碣式、墓誌式、葬誌式、殯誌式、權厝誌式、歸祔誌式、墓版文式、銘式、墓銘式、墓誌銘式、墓碣式、墓甎銘式、壙銘式、墓表式、墳記式、誄式、行狀式，說明了行狀、碑志文的書寫規則和禁忌。其內容上起先秦，下至金元，旁徵博引，歸納了碑誌的源流、形制、類別和寫作範式。（2）第六卷至第八卷是韓愈撰寫的銘誌"括例"，主要以韓愈所作碑誌文為例，說明其內容安排和結構，就家世、宗族、妻子、職名、死葬等問題類以為例。這部分內容是本書特色和核心所在，尤為後人看重，後代學者在此基礎上不斷加以補充，使得碑誌義例之學到清代達到了鼎盛。（3）卷九是前人關於作文的論述以及相關文種的起源和體式，第十卷列舉了史院編纂凡例，與全書主題相去甚遠，故《四庫提要》稱"最後二卷，其始必別自為編，附之《金石例》後，後人刊板乃併為一書",這一推斷是很有道理的。需要在這裡說明的是,在點校過程中,點校者經過比對發現,卷九絕大部分內容與王應麟《玉海》卷二〇一至二〇四《辭學指南》相同,元朝迄今《金石例》屢次刊刻也未發現,王芑孫的點評、繆荃孫的《金石例札記》也未指出,希望學術界以後利用該書的時候加以注意。

明初王行編撰的《墓銘舉例》是專門研究墓誌文及神道碑文義例的著作。王行(1330—1395),字止仲,號半軒,吳縣人,《明史》有傳。史稱王行學識淵博,未弱冠即"淹貫經史百家言",富甲一方的沈萬三曾"延之家塾",洪武初"郡庠延爲經師",後"涼國公藍玉館於家,數薦之太祖,得召見。後玉誅,行父子亦坐死"。據記載,王行一生的著述主要有《楮園集》《半軒集》《學言稿》《四六劄子》《通意宜資》《宋系統圖》《墓銘舉例》等①。王行十分推崇韓愈的文章,《墓銘舉例》開篇即列舉韓愈撰寫的墓誌文,指出"凡墓誌銘書法有例,其大要十有三事焉:曰諱,曰字,曰姓氏,曰鄉邑,曰族出,曰行治,曰履歷,曰卒日,曰壽年,曰妻,曰子,曰葬日,曰葬地","雖序次或有先後,要不越此十餘事而已",申明編撰《墓銘舉例》的目的是"用廣韓文之例"。該書從韓愈、李翱、柳宗元、歐陽修、尹洙、曾鞏、王安石、蘇軾、朱熹、陳師道、黃庭堅、陳瓘、晁補之、張耒、呂祖謙等唐宋十五家文集所載碑誌中,"錄其目而舉其例"。他提出了墓誌文撰寫中"正例"和"變例"兩種情形,相對潘昂霄的《金石例》、王行的《墓銘舉例》總結墓誌、碑文撰

---

① 據《明史》卷八五《王行傳》、杜瓊《王半軒傳》(載《半軒集·方外補遺》)、《國朝獻徵錄》卷八三《訓導王行傳》。

寫規律的意識更強，觀點更集中、更明確，被視為潘昂霄《金石例》的補缺之作。

清代著名學者黃宗羲（1610—1695）的主要學術貢獻並非金石義例之學，然而他撰寫的《金石要例》卻是清代金石義例研究中的重要成果。黃宗羲指出，"碑版之體，至宋末元初而壞。逮至今日……其壞又甚於元時"，認為潘昂霄的《金石例》"大段以昌黎為例，顧未嘗著'為例之義'與'壞例之始'，亦有不必例而例之者"，"故摘其要領，稍為辯正，所以補蒼崖之缺也"。黃宗羲的《金石要例》共一卷三十六例，卷末附《論文管見》一篇。同《金石例》《墓銘舉例》相比，《金石要例》篇幅雖小，卻更加注重闡釋碑版文體的發展變化，闡釋例中之義，闡釋自己的見解，其中不少觀點超越了前人。

從《金石例》刊行到盧見曾彙編《金石三例》，大約經過了四百年的時間，而盧見曾彙編《金石三例》客觀上推動了碑誌義例之學在清代的發展。嘉道年間，出現了一系列碑誌研究的著作，主要包括：梁玉繩的《志銘廣例》、郭麐的《金石例補》、劉寶楠的《漢石例》、李富孫的《漢魏六朝墓銘纂例》、馮登府的《金石綜例》、王芑孫的《碑版文廣例》等，這些著作都是對《金石三例》的訂正、補充和發展，從而使碑誌義例之學出現了空前繁榮的局面。

潘昂霄、王行、黃宗羲致力於碑誌義例的研究，主要目的還在於規範碑誌文的創作，這在今天看來無論是形式還是內容，已經喪失了直接借鑒的價值，但《金石三例》的學術價值卻仍然值得我們充分重視。第一，《金石三例》作為我國古代碑誌義例研究的重要著作，是金石學研究的重要組成部分，豐富了文章學研究的内容，對於研究古代碑誌文創作、文章範式的演變和發展具有重要的學術價值。第二，《金石三例》在一定程度上探討了我國古代的碑誌制度和碑誌文的時代特徵，對於歷史學、考古學、文獻學的研究具有一定的參考價值。第三，《金石三例》可以作為研究古代碑誌義例學的入門書籍，為當今學人和金石愛好者提供一些參考。這些也是點校《金石三例》的初衷。此外，《金石例》中的個別碑誌不見於其他傳世文獻，卷十《史院纂修凡例》記述了元朝相關典制，其文獻價值值得重視。

《金石三例》雅雨堂刻本問世后，著名學者王芑孫在嘉慶年間對該書進行了點評，王芑孫的點評本較為流行。今天易於見到的王芑孫的點評本有清光緒四年（1878）南海馮氏讀有用書齋刊本以及1937年商務印書館的萬有文庫本，光緒十八年（1892）朱記榮彙編《金石全例》中所收《金石三例》便是南海馮氏讀有用書齋刊本。

當盧見曾彙編《金石三例》的時候，《四庫全書》也在乾隆年間修成，收錄了《金石例》《墓銘舉例》和《金石要例》，其中《金石例》直接採用了元刻本①。但《四庫》本在清代並不能得到有效的利用，也沒有產生應有的學術影響。為繁榮學術研究，點校者以今人易於見到的文淵閣《四庫全書》為底本，仍以《金石三例》為名加以編輯、點校，並在開篇冠以盧見曾乾隆二十年（1755）的序文。

《金石三例》大量引用前人碑誌文或其他文獻，因此，在點

---

① 《四庫全書總目》卷一九六云：《金石例》"在元代板凡三刻，此本乃其子詡至正五年刊於鄱陽者也"。

校過程中，盡量以相關史志、文集等原始文獻對其中的錯漏加以訂正並以頁下注的形式注出，對個別難以理解的內容也以頁下注的形式加以說明，對碑誌題名採用簡稱的保持原貌，對原文中的雙欄小字注一般以單欄小字排印，對《金石例》中個別不宜作為雙欄小字的內容，在點校中改為正文，並出注說明。

點校者學識淺陋，點校中定然有不少疏謬，敬請讀者批評指正。

淮建利

2014 年 12 月

金石三例序①

　　文章無義例，惟碑碣之制，則備載姓氏、爵里、世系以及功烈、德望、子女、卒葬之類，近於史家，如《春秋》之有五十凡，故例尚焉。碑碣興於漢魏，迄唐宋以下，而例則斷自韓子。元潘蒼崖創為《金石例》十卷，制器之楷式，為文之矩矱，靡不畢具。明初王止仲又撰《墓銘舉例》四卷，兼韓子以下十五家，條分縷晰例之正變，推而愈廣。本朝黃梨洲以潘書未著"'為例之義'與'壞例之始'"，作《金石要例》一卷，用補蒼崖之闕。合三書而金石之例始賅。曩病時賢碑碣敘次失宜，煩簡靡當，蓋未嘗於前人體制一為省錄爾。茲故匯刻以行世，俾後之君子曉然於金石之文，不異史家發凡言例，亦《春秋》之支與流裔，觸類而長之，庶乎知所從事矣。

　　蒼崖，吾鄉濟南人；止仲，吳中北郭十子之一；梨洲為忠端公子，漁洋重推之。三君者，學問、文章皆有根柢，其所論著足為程式。

　　刻既成，為序其大略如此。

乾隆乙亥長至日德州陸建增撰。

---

① 據光緒四年讀有用書三刊王芑子點評本補。

目　録

前言 ……………………………………………………………… 1
金石三例序 ……………………………………………………… 9

金石例 十卷
〔元〕潘昂霄

四庫全書提要 …………………………………………………… 2
金石例原序 ……………………………………………………… 4

金石例卷一 ………………………………………………… 9
　碑碣之始 …………………………………………………… 9
　墓誌之始 …………………………………………………… 11
　碑碣制度 …………………………………………………… 12
　墓誌制度 …………………………………………………… 13
　墓表制度 …………………………………………………… 13
　石人羊虎柱制度 …………………………………………… 14
　墓圖 ………………………………………………………… 14
　古今碑石同異 ……………………………………………… 15

金石例卷二……16
  金石文之始……16
  碑式……17
  碑陰文式……18
  德政碑之始……18
  德政碑式……19
  墓碑式……19
  神道碑之始……19
  神道碑式……20
  家廟碑式……20
  先廟碑式……21
  先塋先德昭先等碑之始……23
  先塋先德昭先等碑式……23
  賜碑名號之始……27
  賜碑名號式……27

金石例卷三……29
  碣式……29
  墓碣式……30
  墓誌式……31
  墓誌式……35
  葬誌式……37
  殯誌式……37
  權厝誌式……37
  歸祔誌式……38

墓版文式……………………………………………… 39

金石例卷四………………………………………………… 40
　　銘文之始……………………………………………… 40
　　銘式…………………………………………………… 41
　　墓銘式………………………………………………… 43
　　墓誌銘式……………………………………………… 45
　　墓碣式………………………………………………… 47
　　墓甎銘式……………………………………………… 48
　　壙銘式………………………………………………… 48

金石例卷五………………………………………………… 49
　　古墓表式……………………………………………… 49
　　今墓表式……………………………………………… 49
　　墳記式………………………………………………… 55
　　誄式…………………………………………………… 55
　　行狀式………………………………………………… 58
　　論行狀語錄…………………………………………… 61
　　名號稱呼類…………………………………………… 61
　　時忌字樣類…………………………………………… 62
　　書碑額例……………………………………………… 62
　　書碑陽例……………………………………………… 63
　　書碑陰例……………………………………………… 63
　　僧碑…………………………………………………… 64
　　論碑文合書不合書…………………………………… 64

書銘陰例⋯⋯⋯⋯⋯⋯⋯⋯⋯⋯⋯⋯⋯⋯⋯⋯⋯⋯⋯⋯⋯⋯ 65

金石例卷六⋯⋯⋯⋯⋯⋯⋯⋯⋯⋯⋯⋯⋯⋯⋯⋯⋯⋯⋯⋯⋯⋯ 66
　　韓文公銘誌括例⋯⋯⋯⋯⋯⋯⋯⋯⋯⋯⋯⋯⋯⋯⋯⋯⋯⋯ 66
　　　　自宦業俊偉者叙起,而以世系妻子居後 ⋯⋯⋯⋯⋯⋯ 66
　　　　自急流勇退者叙起,次履歷家世,而以死葬居後⋯⋯ 66
　　　　自事實叙起,次履歷家世子女,而以葬年月居後⋯⋯ 66
　　　　先叙姓字三代,次履歷,而以妻子居後⋯⋯⋯⋯⋯⋯ 66
　　　　先叙家世⋯⋯⋯⋯⋯⋯⋯⋯⋯⋯⋯⋯⋯⋯⋯⋯⋯⋯ 67
　　　　不書家世而書履歷⋯⋯⋯⋯⋯⋯⋯⋯⋯⋯⋯⋯⋯⋯ 67
　　　　不書家世履歷而言丹砂之害⋯⋯⋯⋯⋯⋯⋯⋯⋯⋯ 67
　　　　先叙死年月起⋯⋯⋯⋯⋯⋯⋯⋯⋯⋯⋯⋯⋯⋯⋯⋯ 67
　　　　先叙死者葬地⋯⋯⋯⋯⋯⋯⋯⋯⋯⋯⋯⋯⋯⋯⋯⋯ 68
　　　　先叙姓名履歷而以三代妻子居後⋯⋯⋯⋯⋯⋯⋯⋯ 68
　　　　無履歷可叙者⋯⋯⋯⋯⋯⋯⋯⋯⋯⋯⋯⋯⋯⋯⋯⋯ 68
　　　　僅有初筮可書者⋯⋯⋯⋯⋯⋯⋯⋯⋯⋯⋯⋯⋯⋯⋯ 68
　　　　叙文辭之盛者⋯⋯⋯⋯⋯⋯⋯⋯⋯⋯⋯⋯⋯⋯⋯⋯ 68
　　　　自賜廟叙起⋯⋯⋯⋯⋯⋯⋯⋯⋯⋯⋯⋯⋯⋯⋯⋯⋯ 68
　　　　自乞銘叙起⋯⋯⋯⋯⋯⋯⋯⋯⋯⋯⋯⋯⋯⋯⋯⋯⋯ 68
　　　　有誌無銘⋯⋯⋯⋯⋯⋯⋯⋯⋯⋯⋯⋯⋯⋯⋯⋯⋯⋯ 68
　　　　述其妻子之辭朱子謂別是一體,此史之變 ⋯⋯⋯⋯ 69
　　　　法揚子雲造語⋯⋯⋯⋯⋯⋯⋯⋯⋯⋯⋯⋯⋯⋯⋯⋯ 69
　　　　王臨川以為銘之奇者⋯⋯⋯⋯⋯⋯⋯⋯⋯⋯⋯⋯⋯ 69
　　　　樓迂齋所取者⋯⋯⋯⋯⋯⋯⋯⋯⋯⋯⋯⋯⋯⋯⋯⋯ 69
　　　　賜廟碑體⋯⋯⋯⋯⋯⋯⋯⋯⋯⋯⋯⋯⋯⋯⋯⋯⋯⋯ 69

郡王碑體 …………………………………… 69

　　公相銘誌體 ………………………………… 69

　　節度觀察刺史誌、銘、碣 ………………… 70

　　御史、卿、監、郎官墓誌博士附 ………… 70

　　州縣官誌、銘 ……………………………… 70

　　處士誌、銘 ………………………………… 71

　　幼殤誌、銘 ………………………………… 71

金石例卷七 …………………………………… 72

　韓文公銘誌括例 ……………………………… 72

　宗族姻黨稱呼例 ……………………………… 72

　　書上代例 …………………………………… 72

　　書曾祖例 …………………………………… 72

　　書曾伯叔祖例 ……………………………… 72

　　書祖例 ……………………………………… 72

　　書父例 ……………………………………… 73

　　書母例 ……………………………………… 73

　　書伯叔例 …………………………………… 73

　　書伯叔母例 ………………………………… 73

　　書兄弟姊妹例 ……………………………… 73

　　書姊妹夫例 ………………………………… 74

　　書妻例 ……………………………………… 74

　　書子男例 …………………………………… 74

　　書女壻例 …………………………………… 74

　　書舅姑例 …………………………………… 74

書外家例 …………………………………………………… 74
職名例 ………………………………………………………… 75
　　有出身必書例 ………………………………………………… 75
　　内職必書例 …………………………………………………… 75
　　書除授例 ……………………………………………………… 76
家世例 ………………………………………………………… 76
　　書三代例 ……………………………………………………… 76
　　不書三代例 …………………………………………………… 77
　　歷書世系例 …………………………………………………… 77
　　書三代及其兄例 ……………………………………………… 77
　　書三代不名而及其女兄與甥例 ……………………………… 77
　　不書曾祖而書六代祖，及祖及父例 ………………………… 78
　　不書曾祖而書祖、書父例 …………………………………… 78
　　不書曾祖、祖而書六世祖及父例 …………………………… 78
　　不書曾祖、祖而書七世祖，及曾伯祖及父例 ……………… 78
　　不書曾祖、祖而止書其父例 ………………………………… 79
　　不特書父而書大王父、王父伯例 …………………………… 79
　　書上世并書其母例 …………………………………………… 79
　　書二母例 ……………………………………………………… 80
　　書三代并書其母例 …………………………………………… 80
　　書三代并書其母、其舅例 …………………………………… 80
　　書父并其母舅不及上二代例 ………………………………… 80
　　書十一世祖及父、及母例 …………………………………… 80
　　書父及母、及兄弟而不及上世例 …………………………… 81

書婦女家世例 ……………………………… 81
書三代例 ……………………………… 81
書祖、書父及其舅、其夫例 ………… 81
書父及其夫、其子例 ………………… 81
書兄弟例 ………………………………… 81
書兄及弟例 …………………………… 81
書妻例 …………………………………… 82
書妻及曾祖、祖,不書妻之父例 …… 82
書妻及妻之祖父,不書妻曾祖例 …… 82
書妻及妻之父,不及其曾祖、祖例 … 82
書妻及妻之父,及曾伯父例 ………… 82
書妻及妻叔祖,不書其祖父例 ……… 82
不書妻祖父例 ………………………… 83
因葬書妻例 …………………………… 83
因祔葬書妻例 ………………………… 83
書再娶例 ……………………………… 83
書三娶例 ……………………………… 83
書婦德例 ……………………………… 84
書子女例 ………………………………… 84
書子女不名例 ………………………… 84
子書名女不書名例 …………………… 84
子女並書名例 ………………………… 85
書子女及壻例 ………………………… 85
書壻姓名例 …………………………… 85
書子女及外孫例 ……………………… 85

書異母子女例··86
書子而無女例··86
書子女年歲例··86
書女出家例··87
書子女生於死後例··87
書過房子例··87
書子文學材質例··87
書無子例··87

金石例卷八··88
書死例··88
書死於官,著年月日例······································88
書死於官,不書年月日例····································88
書死於家,著年月日例······································89
書死於中道、外州,著年月日例······························89
書死於中道、外州,不書年月日例····························89
書病死例··89
書不病而死例··90
書死而不書死之地例······································90
書死而不書死之歲月例····································90
書生死年月日例··90
書死不書病例··90
書死為薨例··91
書葬例··91
書勅葬例··91

書詔許還葬例 … 91
書自他州返葬例 … 92
書葬他州例 … 92
書葬祖父墓域例 … 92
書夫祔妻墓例 … 93
書妻祔夫墓例 … 93
書合葬例 … 93
書各葬例 … 94
書因某人歸葬例 … 94
書本月內葬例 … 94
書本年內葬例 … 94
書明年葬例 … 94
特書某年葬例 … 95
不書年月日例 … 95
不書葬地例 … 95
書某月幾日,不書甲子例 … 95
書某月甲子即不書幾日例 … 95

金石例卷九 … 96
論古人文字有純疵 … 96
論作文法度 … 96
論作文當取法經史造語 … 103
學文凡例 … 104
制式 … 104
擬制之始 … 104

擬制之式 …………………………………… 105
誥式 ………………………………………… 107
擬誥之始 …………………………………… 107
擬誥之式 …………………………………… 108
詔式 ………………………………………… 108
擬詔之始 …………………………………… 108
擬詔之式 …………………………………… 109
表式 ………………………………………… 110
賀 …………………………………………… 110
謝 …………………………………………… 110
進書　進貢　陳請 ………………………… 110
擬表之始 …………………………………… 111
擬表之式 …………………………………… 111
露布式 ……………………………………… 112
擬露布之始 ………………………………… 112
擬露布之式 ………………………………… 113
檄式 ………………………………………… 114
擬檄之始 …………………………………… 115
擬檄之式 …………………………………… 115
箴式 ………………………………………… 117
擬箴之始 …………………………………… 117
擬箴之式 …………………………………… 118
銘式 ………………………………………… 119
擬銘之始 …………………………………… 119
擬銘之式 …………………………………… 120

擬記之始 …………………………………… 120

擬記之式 …………………………………… 120

贊式 ………………………………………… 122

擬贊之始 …………………………………… 122

擬贊之式 …………………………………… 123

頌式 ………………………………………… 123

擬頌之始 …………………………………… 123

擬頌之式 …………………………………… 124

序式 ………………………………………… 124

擬序之始 …………………………………… 126

擬序之式 …………………………………… 126

諸跋 ………………………………………… 127

郝伯常先生編類《金石八例》……………… 127

蒼崖先生十五例 …………………………… 127

金石例卷十 ………………………………… 128

　史院纂修凡例 ……………………………… 128

　　聖旨詔制 ………………………………… 128

　　元正朝賀 ………………………………… 128

　　外國來賀 ………………………………… 129

　　車駕飛放 ………………………………… 129

　　車駕行幸 ………………………………… 129

　　嶽瀆降香 ………………………………… 129

　　聖節朝賀 ………………………………… 130

　　諸王稱號 ………………………………… 130

皇屬除拜 130
內庭宴集 130
大會諸王 130
神祇祭享 131
百官拜罷 131
百官除目 131
蒙古言語 132
誅殺罪人 132
錫賚犒勞 132
甲子日分 132
天地災異 132
奏除臣僚 133
奏對陳言 133
陞加散官 133
征伐收撫 133
外國君長 133
營造工作 134
臣下奏事 134
臣僚薨卒 134

墓銘舉例 四卷

〔明〕王行 撰

四庫全書提要 136

墓銘舉例卷一 137

韓文公文六十六首 137

李文公文九首 …………………………………… 145
　　柳河東文二十七首 ……………………………… 147

墓銘舉例卷二 ………………………………………… 153
　　歐陽文忠公文三十一首 ………………………… 153
　　尹河南文七首 …………………………………… 158
　　曾南豐文十八首 ………………………………… 159
　　王荆公文三十三首 ……………………………… 162
　　蘇文忠公文九首 ………………………………… 167
　　朱文公文二十首 ………………………………… 168

墓銘舉例卷三 ………………………………………… 173
　　陳後山文三首 …………………………………… 173
　　黃山谷文二首 …………………………………… 178
　　陳了齋文七首 …………………………………… 180
　　晁濟北文四首 …………………………………… 187

墓銘舉例卷四 ………………………………………… 192
　　張宛丘文三首 …………………………………… 192
　　呂成公文三首 …………………………………… 195

墓銘舉例補闕 ………………………………………… 199
墓銘舉例後跋 ………………………………………… 200

金石要例—卷
〔清〕黄宗羲 撰

四庫全書提要 ································· 202

金石要例卷一 ································· 203
  書合葬例 ································· 203
  婦女誌例 ································· 204
  書名例 ··································· 204
  稱呼例 ··································· 204
  墓誌無銘例 ······························· 205
  單銘例 ··································· 205
  墓表例 ··································· 206
  神道碑例 ································· 206
  行狀例 ··································· 207
  婦女行狀例 ······························· 207
  行述例 ··································· 207
  誄例 ····································· 208
  子孫為祖父行狀例 ························· 208
  碑誌煩簡例 ······························· 209
  先廟碑例 ································· 209
  書祖父例 ································· 209
  不書子婦例 ······························· 210
  子女不分書所出例 ························· 210
  婦人誌書子女例 ··························· 211

妾不書例 …………………………………………………… 211
不書子姓及妻例 ……………………………………………… 212
單書嗣子例 …………………………………………………… 212
書孫曾例 ……………………………………………………… 213
書孫壻例 ……………………………………………………… 213
書外甥例 ……………………………………………………… 213
孫不宜分屬例 ………………………………………………… 214
不書壻祖父例 ………………………………………………… 214
書生卒年月日例 ……………………………………………… 214
書國號例 ……………………………………………………… 215
書妻變例 ……………………………………………………… 215
書女變例 ……………………………………………………… 215
塔銘例 ………………………………………………………… 215
書僧臘例 ……………………………………………………… 216
僧稱公例 ……………………………………………………… 216
寺碑例 ………………………………………………………… 216
銘法例 ………………………………………………………… 216
論文管見附 …………………………………………………… 217

參考文獻 …………………………………………………… 220
後记 ………………………………………………………… 223

金石例 十卷

〔元〕潘昂霄

四庫全書提要

　　臣等謹案:《金石例》十卷,元潘昂霄撰。昂霄字景梁,號蒼崖,濟南人,官至翰林侍讀學士,謚文僖。是書乃至正五年昂霄子詡所刊。一卷至五卷,述銘志之始,凡品級、塋墓、羊虎、德政、神道、家廟、賜碑之制,一一詳考。六卷至八卷,述唐韓愈所撰碑誌以為括例,於家世、宗族、職名、妻子、卒葬日月之類,咸條列其文,標為程式。九卷則襍論文體。十卷則史院凡例也。昂霄是書既以《金石例》為名,所述宜止於碑誌,而泛及襍文之格,與起居注之式,似乎不倫。又襍文之中,其目載有郝伯常先生編類《金石八例》、蒼崖先生《十五例》,二條皆有錄無書。九卷之末有跋云:"右先生《金石例》,皆取韓文,類輯以為例,大略與徐秋山《括例》相去不遠。若再備錄,似為重複,故止記其目於此。"然則最後二卷,其始必別自為編,附之《金石例》後,後人刊板乃併為一書。又知六卷至八卷,所謂韓文《括例》者，皆全採徐氏之書，非昂霄所自撰矣①。其書述叙古制頗為典核，雖所載《括例》但舉韓愈之文，未免舉一而廢百，然明以來金石之文，往往不考古法，漫無程式，得是書以為依據，亦可謂尚有典型，愈於率意妄撰者多矣。

乾隆四十四年二月恭校上。

總纂官臣紀昀、臣陸錫熊、臣孫士毅。

總校官臣陸費墀。

---

① 蒼崖先生《十五例》之目卷九之末備載，從所述内容看遠不及《金石例》詳備，四庫館臣依據九卷之末的跋語推斷《金石例》"六卷至八卷，所謂韓文《括例》者，皆全採徐氏之書，非昂霄所自撰"的結論是沒有充分依據的。

金石例原序

　　《六經》唯《春秋》有例，謂其以一字制褒貶，可舉此而通彼也。史氏用其法載言紀事，故亦有凡有例。然《春秋》寓聖王經世之大權，太史公倣之以為《史記》，徒例云乎哉？自先秦兩漢而下，論譔功業，為銘為誄，著之金石，其斧袞侔乎《春秋》，其銖量槩乎史氏，使無例以為之統紀，則漫且靡矣。《金石例》之作，其殆得諸此乎！昔予入教國子，潘文簡公以集賢侍讀學士領大司成，每休暇造公，見其簡册紛披，筆墨交錯，稍即問公，此何為邪？公曰：「吾修《金石例》，彙聚既繁，資取亦富，固若是耳。」予甚疑焉，以為言之精者，為文推原事始，究極物變，抑揚開闔，傍通互用，求之於例，例盡則止，孰若求之無例之例為有得乎？方將從公瘠疑而公歿，於是餘十年矣。公之嗣子、同知嘉定州事某乃出斯文，言將刻梓以承公志，請予序，予蓋始得而觀之。斯例也，先括例，次類例，取於韓氏者十嘗八九，謂韓之鉅文，起八代之衰，蔚而反之於正，有《春秋》「屬辭比事」之教焉，而例在其中矣。懿哉，公之用心也，肆今而後冶金伐石，誄德銘功，示一王之製作，垂景鑠於無窮，則斯例之傳，其亦有功於韓者哉！由是而充之，雖至於《春秋》《史記》可也。

元統二年歲次甲戌春正月七日，東陽柳貫序①。

《金石例》者，蒼崖先生所述也。凡碑碣之制、始作之本、銘志之式、辭義之要，莫不放古以為準。以其可法於天下後世，故曰"例"。而其所以為例者，由先秦二漢暨唐宋諸大儒，皆因文之類以為例。至夫節目之詳，率祖韓愈氏。大書特書不一書，彪分盱列，其亦放乎《春秋》之例也與。甚矣，先生有功於斯文也。先生世居中州，以文學鳴。國初，士之為文者，猶襲纖巧，其氣萎薾不振。先生患其久而難變也，乃述是書，以授學者，使其知古之為文如此，粲然畢舉，如示諸掌。故歷事六朝，出入翰苑餘二十年，凡經指授者，皆有法度，朝野至今稱之。

至正四年春，先生之子敏中，來為饒理官，好賢下士，文雅有父風。其於先生手澤，尤加慎重，以本之與於斯文也。俾之次第而讎校之，刻之梓以永其傳。嗟乎！先生不以崇高自居，而加惠於後學；敏中不以勢利相尚，而盡力於遺書。有子如是，先生為猶生矣。後之人當知是書，有功於斯文不細也。

先生姓潘氏，諱昂霄，字景梁，學者稱之曰蒼崖先生，官至翰林侍讀學士、通奉大夫，諡文僖，有《蒼崖類稿》若干卷云。

至正五年春三月，鄱陽後學楊本序。

聖人《春秋》褒貶著於筆削者謂之例，國家政刑賞罰見於制度者謂之例，是皆以其可為法於天下後世也。濟南文僖潘公蒼崖

---

① 據柳貫《待制集》卷一七補。

先生，取古昔碑碣鐘鼎之文，提綱舉要，條分類聚，定為十卷，名曰《金石例》。一卷至五卷，則述銘志之始，而於貴賤、品級、塋墓、羊虎、德政、神道、家廟、賜碑之制度必辨焉。六卷至八卷，則述唐韓文《括例》，而於家世、宗族、職名、妻子、死葬月日之筆削特詳焉。九卷則先正格言。十卷則史院凡例，制度、筆削於此又可以槩見焉。使世之孝子慈孫觀其制度之等，則思得為而為，不得為而不為，而於事親之道，不至違禮矣。觀其筆削之旨，則思孰為可傳、孰不可傳，而於揚名之道有以自力矣。是豈惟為文者之助，於世教將重有補焉。公之子敏中來官於饒，出是書以示余，因得以觀夫公之篤意斯文，而又喜斯文之有賢子以傳也，遂為之引。

　　　　　至正乙酉春三月望，賜同進士出身、將仕郎、
　　　　　　　　前慶元錄事、鄱陽後學傅貴全序。

　　文章先體制而後論其工拙，體制不明，雖操觚弄翰於當時，猶不可，況其勒於金石者乎？陸士衡《文賦》論作文體制，大略可見。由先秦以來迄於近代，金石之所篆刻具有體制，好古博雅之士，皆不可以不之考也。然而自上徂下，貴賤有等，名器亦因之而異數。敘事、紀實、抑揚、予奪必當有所法，自非類聚而通考之，何以見之哉？翰林蒼崖先生潘公，雄文博學，為當世所推，嘗歷攷古今文辭、提綱舉要，萃為一編，名曰《金石例》。凡為文之榘度，製器之楷式，開卷瞭然，其用心亦勤矣。公之子敏中，

寶其手澤，罔敢失墜，宦游四方，必載與俱。其在番易①，復刊是編，以廣其傳，且與吾黨共之。噫！公掌帝制、司文衡，其所以藻飾太平者，已無所不盡其忠。敏中克承家學，益彰其親之美，斯亦繼志述事之孝者乎！忠孝萃於一門，文物昭於盛世。使夫為人臣為人子，皆有所矜式，實有功於名教，豈特為文之助而已哉。余故表而出之，以冠篇端云。

　　至正五年春三月，饒州路儒學教授桐川後學湯植翁②序。

　　三代無文人，六經無文法，儒者有是言也。然《春秋》大義數十，以褒貶寓於一字之間。傳者謂：其發凡以言例，皆經國之常制，周公之垂法。諸稱書、不書、先書、故書、不言、不稱、書曰之類，皆所以起新舊，發大義，謂之變例。至謂發傳之體有三，而為例之情有五，然則謂無法可乎？後世之文，莫重於金石。蓋所以發潛德、誅姦諛、著當今、示方來者也。如是而不知義例，其不貽鳴吠之誚也幾希。翰林蒼崖潘先生，動必稽古，取先代碩儒所為文，類而集之，題曰《金石例》，視傳《春秋》者所言，如合符節，俾夫攷古者知古人用意之所在，而學古者有所矜式而不敢肆。其嘉惠斯文，不其至乎？

　　至正丁亥，予忝教番易，公之子敏中為理官，嘗屬郡士楊本端如緝其次第。既已，刻於家而公諸人。學之賓師景陽吳君旭、

---

① 易：原作"昜"，據光緒四年讀有用書三刊王芑孫評《金石三例》本及後文王思明序改。
② 湯植翁：原作"楊植翁"，據明何喬新《椒邱文集》卷十八《題金石例後》、光緒四年讀有用書三刊王芑孫評《金石三例》本改。何喬新在《題金石例後》中說，他根據寫本"錄藏於家"的《金石例》，"有鄱陽楊本、傅貴全、桐川湯植翁之序"。

子謙吳君以牧,謂此書將歸中州,則邦之人焉能一一而見之哉,盍列之學官,以垂永久?乃復加校正,而壽諸梓。於乎古人吾不得而見之矣,得見古文斯可矣。

明年戊子夏六月既望,廬陵王思明謹序。

金石例卷一

碑碣之始

《禮記·檀弓下》：季康子之母死，公肩假曰："公室視豐碑，註：言視者，時僭天子也。豐碑，斲大木為之，形如石碑，於椁前後四角樹之，穿中於間為鹿盧，下棺以繂繞。天子六繂四碑，前後各重鹿盧也。三家視桓楹。"註：時僭諸侯。諸侯下天子也，斲之形如大楹耳，四植謂之桓。諸侯四繂二碑，碑如桓矣。大夫二繂二碑，士二繂無碑。疏：視，比擬之辭也。"斲大木為之，形如石碑"者，禮。廟庭有碑，故《祭義》云："牲入，麗於碑。"《儀禮》每云，"當碑揖"，此云"豐碑"，故知斲大木為碑也。云"於椁前後四角樹之"者，謂椁前後及兩旁樹之，角落相望，故云，非正當椁四角也。云"穿中於間為鹿盧"者，謂穿去碑中之木，令使空，於空間著鹿盧，兩頭各入碑木。云"下棺以繂繞"者，繂即紼也，人各背碑負紼末頭，聽鼓聲，以漸却行而下之。案《春秋》，天子有隧，以羨道下棺。所以用碑者，凡天子之葬，掘地以為方壙，《漢書》謂之"方中"。又方中之內，先累椁於其方中，南畔為羨道。以輴車載柩至壙，說而載以龍輴，從羨道而入。至方中，乃屬綍於棺之緘，從上而下，棺入於椁之中。於此時用碑綍也。又云："以言視桓楹，不云碑，知不似碑形，故云'如大楹耳'。通而言之，亦謂之碑也。"云"四植謂之桓"者，案《說文》："桓，亭郵表也。"謂亭郵之所，而立表木，謂之桓，即今之橋旁表柱也。今諸侯二碑，兩柱為一碑而施鹿盧，故云"四植謂之桓"也。《周禮》桓圭而為雙植者，以一圭之上不應四柱，但瑑為二柱，象道旁二木，又宮室兩楹，故雙植謂之桓也。大夫亦二碑，但柱形不得麤大，所以異於諸侯也。

　　《韻會舉要》"碑"字。

　　註：《說文》："豎石紀功德，從石，卑聲。"徐曰：按古宗廟立碑以繫牲耳，後人因於其上紀功德。此碑字從石，秦以來制也。七十二家封禪勒石，不言碑。七十二家封禪之言，始於管仲，不言碑。《穆天子傳》：乃為名迹於弇茲石上，亦不言碑也。銘勒功德，當始於宗廟麗牲之碑也。又《祭義》"麗牲"疏：賈氏曰："宮①必有碑。"《士昏禮·聘禮》："入門當碑揖。"則大夫士廟內皆有碑。《鄉飲酒》《鄉射》"三揖"，則庠序之內皆有碑。據《祭》②，則諸侯廟內有碑。碑所以識日景，觀碑景邪正，以知早晚。宮廟用石為之。葬碑取懸繩綍暫時往來，運載當用木而已。《喪大記》註：天子用大木為碑，謂之豐碑。諸侯樹兩大木謂之桓楹。《檀弓》註：鄭氏曰：斲大木，形如石碑，於椁四角樹之，穿中為鹿盧，下棺以綍繞。天子六綍四碑，諸侯四綍二碑，士二綍無碑。又《釋名》云：碑，被也，葬時所設，臣子追述君父之功，以書其上。徐曰：劉熙言：起於懸棺之碑者，蓋今神道碑也。《初學記》：碑，悲也，所以悲往事。今人墓隧宮室之事，通謂之碑矣。

---

① 宮：原文作"官"，誤。《儀禮·聘禮》鄭玄注云："宮必有碑"，故據以改之。
② 《祭》：當為《祭義》的簡稱。

《事祖廣記》云：管子曰：無懷氏封泰山，刻石記功。秦漢以來始謂刻石曰碑。蓋因《喪禮》豐碑之制也。刻石當以無懷為始，而名碑自秦漢也。陸龜蒙《笠澤叢書》曰：碑，悲也。古者懸而窆，用木書之，以表其功德，因留之不忍去，碑之名由是而得。自秦漢以降，生有功德政事者，亦碑之，而又易之以石，失其稱矣。此又德政有碑之起也。陸法言《廣韻》曰："碑碣，李斯造，宜始於嶧山之刻爾。"《釋名》曰："本葬時所設，臣子追述君父之功以書其上。"

《事祖廣記》云：古之葬有豐碑以窆，秦漢以來死有功業、生有德政者，皆碑之，稍改用石，因總謂之碑。晉宋之世，始又有神道碑，天子及諸侯皆有之。其刻文止曰：某帝或某官神道之碑，今世尚有宋文帝神道碑墨本也。其初由立於葬兆之東南，地理家言：以東南為神道，故以名碑爾。案《後漢》：中山簡王薨，詔為之修冢塋，開神道。註云：墓前開道建石柱以為標，謂之神道。是則神道之名，在漢已有之也，晉宋之後易以碑刻云。

墓誌、墓碑文辭各異。如云："千歲之後，陵谷變遷，知其為良吏之壙，其勿毀焉。"又云"兩嬪鴈行同域也，而不同藏"之類，止可施于墓內，不可作碑。用如文詞，有可通用，則或為墓誌，或為墓道之碑，亦可也。但碑上不言誌字，止曰：某官某人墓碑，或云墓碣。

墓誌之始

《事祖廣記》云：炙轂子曰：齊王儉云：石誌不出《禮典》，石誌，一作木誌。按：齊太子穆妃將葬，議立石誌。王儉曰：石誌不出《禮經》。起宋元嘉中，顏延之為王琳一作王彌。作石誌。以其無銘諫，故以紀行，自爾遂相祖習。然魏侍中繆襲改葬父母，制墓下埋文①，將以陵谷遷變，欲後人有所聞知，但記姓名、歷官、祖父、姻媾而已。有德業則為銘文，又隋代釀家於王戎墓得銘云："晉司徒安豐元公王君之銘"，有數百字。則魏晉已有其事，不起於宋也。《馮鑑續事》始云：按《西京雜記》：前漢杜子春，一作杜子夏，臨終作文，命刻石埋於墓前，恐墓誌因此始也。予謂昔吳季札之喪，孔子銘其墓曰："嗚呼，有吳延陵季子之墓。"《莊子》：衛靈公葬沙丘，掘得石椁，銘曰："不馮其子"，靈公奪而埋之。唐開元時，人有耕地，得比干墓誌，刻其文以銅盤曰："右林左泉，後岡前道，萬世之寧，茲焉是保。"漢滕公夏侯嬰得定葬石，銘曰："佳城鬱鬱，三千年，見白日。吁嗟！滕公居此室。"則墓之有誌，其來遠矣。

碑碣制度

諸碑碣。其有皆須實錄，不得濫有褒飾。五品以上立碑，螭首龜趺。二品以上，上高不得過一丈二尺；五品以上，上高不得過九尺；七品以上，立碣，圭首方趺，上高四尺。其執政官以上，聽立墳峯。

三品以上神道碑，碑於墓隧道之左，面南立，螭首龜趺。有依品從合得尺寸。見《儀制》，今更欲檢之，此未盡也。

司馬公曰：按《令式》，墳碑石獸，大小多寡，各有品數。然葬者當為無窮之規，後世見此等物，安知其中不多藏金玉耶？是皆無益

---

① 埋文：當指題版文。唐封演《封氏聞見記》卷六《石誌》云："魏侍中繆襲改葬父母，制墓下題版文。原此旨將以千載之後，陵谷遷變，欲後人有所聞知。"

於亡者，而反有害。故《令式》又有"貴得同賤，賤不得同貴"之文。然則不若不用之為愈也。

五品以下，不名碑，謂之墓碣。圭首方座以上，石人、石柱、石羊、石虎，各有合得之數。

墓誌制度

墓誌納之墓中，柩前平放。其狀如方石斗二，底攝面平而不凹，大小無定制。上一斗，於平面上大字題某官某人墓誌銘。曾見古墓中石誌制度如此。又記：上一斗，止寫某人墓誌，不書銘字。下一斗，上作小字書，前一行刻云：某官某人墓誌銘并引，或言有序，或言并序，後書序及銘。刻畢，以丹填之。上下二斗，字並用丹填。二斗相合，四角以薄石片搘，搘石如錢大，厚薄亦如之，但要不使二石實相壓着。

《家禮》云：下誌石。云墓在平地，則於壙內近南，先布甎一重，置石其上。又以甎四圍之，而覆其上。若墓在山側峻處，則於壙南數尺間，掘地深四五尺，依此法埋之。

墓表制度

《家禮》云：墳高四尺，立小石碑於其前，亦高四尺，趺高尺許。按：孔子防墓之封，其崇四尺，故取以為法。用司馬公說，別立小碑，但石須濶尺以上，其厚居三之二。圭首而刻其面，如誌之蓋。乃署述其世系、名字、行實，而刻於其左，轉及後右而周焉。婦人則俟夫葬乃立，面如夫亡誌蓋之刻云。

墓表石立於墓前。就地埋定，上題云，某人之墓，無文辭。墓雖無碑者，亦當立此石。

石人羊虎柱制度

《事祖廣記》云：炙轂子曰：秦漢以來，帝王陵寢有石麟、辟邪、兕馬之屬，人臣墓有石人、羊、虎、柱之類，皆表飾墳壠，如生前儀衛。《風俗通》曰：方相氏葬日入壙驅罔象。罔象好食死人肝腦，人臣不能備，方相乃立其象於墓側。又罔象畏虎與柏，故頂上栽柏，路前立虎也。盧思道《西征記》曰：新城西有漢旌陽太守趙起墓，有石柱，東南有亭，因名柱為表。漢霍去病墓像①祁連山，立石人、馬。然則墓前之立石人、柱、羊、虎之類，皆起於漢也。又唐王建《北邙行》云：山頭澗底石漸稀，盡向墳前作羊虎。

金制諸葬儀，一品官，石人四事，石虎、石羊、石柱各二事；二品、三品減石人二事；四品、五品又減石柱二事。

墓圖

《古金石例》云：墓圖作方石碑，先畫墓圖。有作圓象者，內畫墓樣，各標其穴某人。其石嵌之祭堂壁上，無祭堂，則嵌圍墻上。韓魏公父《墓圖》：今有此石，歲久臥之墻外。

宗氏圖碣二：一埋中宮之下，一立中宮之上。太原以墳塋中心為宅神，亦中宮之義也。祭堂瓦花頭皆寫云："某氏千秋"，墓甎

---

① "像"，隨庵徐氏叢書《金石例》作"在"。

亦然。南陽宗資墓前，人有得古花頭瓦，其花頭刻云："宗氏千秋。"今石刻在中州刺史宅，凡祭堂二，於中宮左右建。

《家禮》云：刻誌石。用石二片：其一為蓋，刻云，有宋某官某公之墓，無官則書其字，曰某君某甫。其一為底，刻云有宋某官、某公、諱某、字某、某州、某縣人。考諱某、某官，母氏某封。某年月日生，叙歷官遷次，某年月日終，某年月日葬於某鄉某里，娶某處某氏某人之女，子男某、某官，女適某官、某人。婦人夫在，則蓋云有宋某官姓名、某封某氏之墓，無封則云妻，無官則書夫之姓名；夫亡，則云某官、某公、某封、某氏。夫無官，則云某君、某甫妻某氏。其底叙年若干，適某氏，因夫、子致封號，無則否。葬之日，以二石字面相向，而以鐵束束之，埋之壙前近地面三四尺間。蓋慮異時陵谷變遷，或誤為人所動，而此石先見，則人有知其姓名者，庶能為掩之也。

諸墳塋地，一品四面，各三百步；長周不等者，以積步折之，餘准此。二品二百五十步；三品二百步；四品、五品一百五十步；六品以下一百步；庶人不叙。使官餘條葬無文者，並准此。及寺觀各三十步。若經恩錫及山谷内，己①業、荒田者不在步數之限。

古今碑石同異

漢碑有銘辭，亦有無者，今亦然。謂神道碑并墓碣有銘辭者，有無銘辭者，今碑碣亦然也。

墓碑無銘辭，刻墓前石柱上，亦有刻在碑上者。

---

① 己：原作"巳"，不通，據文意改。

金石例卷二

金石文之始

《周禮》:"王功曰勳,國功曰功,民功曰庸,事功曰勞,治功曰力,戰功曰多。凡有功者,銘書於王之太常。"

《禮記》曰:"夫鼎有銘,銘者自名也。自名以稱揚其先祖之美,而明著之後世者也。為先祖者,莫不有美焉,莫不有惡焉。銘之義稱美而不稱惡,此孝子孝孫之心也,唯賢者能之。銘者,論譔其先祖之有德善、功烈、勳勞、慶賞、聲名列於天下,而酌之祭器,自成其名焉,以祀其先祖者也。顯揚先祖,所以崇孝也。身比焉,順也;明示後世,教也。夫銘者壹稱而上下皆得焉耳矣。是故君子之觀於銘也,既美其所稱,又美其所為。為之者明足以見之,仁足以與之,知足以利之,可謂賢矣。賢而勿伐,可謂恭矣。故衛孔悝之鼎銘曰:'六月丁亥,公假於大廟。公曰:叔舅,乃祖莊叔,左右成公。成公乃命莊叔,隨難於漢陽,即宮於宗周,奔走無射,啟右獻公。獻公乃命成叔,纂乃祖服。乃考文叔,興舊耆欲,作率慶士,躬恤衛國,其勤公家,夙夜不解。民咸曰:

休哉！公曰：叔舅，予女銘，若纂乃考服。悝拜稽首曰：對揚以辟之，勤大命施於烝彝鼎。'此衛孔悝之鼎銘也。古之君子，論譔其先祖之美，而明著之後世者也，以比其身，以重其國家如此。子孫之守宗廟社稷者，其先祖無美而稱之，是誣也；有善而弗知，不明也；知而弗傳，不仁也。此三者君子之所恥也。昔者周公旦有勳勞於天下，周公既沒，成王、康王追念周公之所以勳勞者，而欲尊魯，故賜之以重祭。外祭則郊社是也，內祭則大嘗禘是也。夫大嘗禘，升歌清廟，下而管象；朱干玉戚以舞《大武》；八佾以舞《大夏》。此天子之樂也，康周公，故以賜魯也，子孫纂之，至於今不廢，所以明周公之德，而又以重其國也。"

《春秋・左氏傳》曰：季武子以所得於齊之兵，作林鐘而銘魯功焉。臧武仲謂季孫曰："非禮也。夫銘，天子令德，諸侯言時計功，大夫稱伐。今稱伐則下等也，計功則借人也，言時則妨民多矣，何以為銘？且夫大伐小，取其所得以作彝器，銘其功烈以示子孫，昭明德而懲無禮也。今將借人之力以救其死，若之何銘之？小國幸於大國，而昭所獲焉以怒之，亡之道也。"

《國語》曰：昔克潞之役，秦來圖敗晉功，魏顆以其身却退秦師於輔氏，親止杜回，其勳銘於景鐘。克，勝也。魯宣十五年六月癸卯，晉荀林父將滅赤翟潞氏。七月，秦桓公伐晉，次於輔氏。晉景公治兵，以畧翟土及潞。魏顆敗秦師於輔氏，獲杜回。景鐘，景公鐘。

碑式

碑式之可法者固多，舉其一二以為式，後皆放此，當類推之①：

《衢州徐偃王廟碑》、韓退之。《平淮西碑》、《曹成王碑》、《南海神廟碑》、《處州孔子廟碑》、《柳州羅池廟碑》、《黃陵廟碑》、《箕子碑》、柳子厚。《道州文宣王碑》、《柳州文宣王碑》、《終南山祠堂碑》、《太白山祠堂碑》、《湘源二妃廟碑》、《饒娥碑》、《南霽雲睢陽廟碑》、《后土神祠碑》、張說。《唐天下放生池碑》、顏真卿。《禹穴碑》、鄭魴。《表忠觀碑》、蘇子瞻。《潮州韓文公廟碑》、《伏波將軍廟碑》、《壽域碑》、王元之。《四皓廟碑》、《披雲堂碑》、馬子才。《東平行臺嚴公祠堂碑》、元遺山。《祭孤魂碑》、杜止軒。《文子廟碑》、郝伯常。《漢高祖廟碑》、《漢光武廟碑》、《處士管寧廟碑》。

碑陰文式

碑陰文、柳子厚。碑陰記、大明碑陰、先友記、處州孔子廟韓文公碑陰記。杜牧之。

德政碑之始

《事祖廣記》云：自秦漢以來，死有功業，生有德政者，皆記之，稍改用石，因總謂之碑②。

---

① 此段原為"碑式"之下的注文，總括編撰意圖，今改為正文。
② 此段原為"德政碑之始"之下的注文，"德政碑之始"之下卻無正文，故改為正文為宜。

德政碑式

《明州王密德政碑》、李舟。《易州刺史田仁琬德政碑》、蘇靈芝。《高陵縣令劉君德政碑》。劉禹錫。

墓碑式

《清邊郡王楊燕奇碑文》、韓退之。《權公墓碑》、《劉統軍碑》①、《王黃華墓碑》元遺山、《寄菴先生墓碑》、《費縣令郭明府墓碑》、《宣武將軍孫君墓碑》②。

神道碑之始

《事祖廣記》云：晉宋之世始又有神道碑，天子及諸侯皆有之，其刻文止曰：某帝或某官神道之碑。今世尚有宋文帝神道碑，墨本也。其初猶立之於葬兆之東南，地理家言以東南為神道，若神靈出遊道之意，故以名碑爾。唐李夷簡臨終，敕"無碑神道"③。

---

① 經核對《韓昌黎集》《權公墓碑》《劉統軍碑》的作者均為韓愈。
② 經核對《元好問全集》，《寄菴先生墓碑》《費縣令郭明府墓碑》《宣武將軍孫君墓碑》的作者均為元好問。
③ 《新唐書》卷一四四《李夷簡傳》云：李夷簡"將終，戒毋厚葬，毋事浮屠，无碑神道，惟識墓則已"。又此段原為"神道碑之始"之下的注文，而"神道碑之始"之下卻無正文，故改為正文為宜。

神道碑式

《唐銀青光祿大夫守右散騎常侍致仕上柱國襄陽郡王平陽路公神道碑銘》、韓退之。《唐故河東節度觀察使滎陽鄭公神道碑文》、《唐故中散大夫少府監胡良公墓神道碑》、《唐故江南西道觀察使贈左散騎常侍太原王公神道碑》、《司徒兼侍中中書令贈太尉許國公神道碑銘》[1]、《潮州長城縣令崔孚神道碑》、白樂天。《平章政事壽國張公神道碑》、元遺山。《沁州刺史李君神道碑》、《內相文獻楊公神道碑》、《轉運使王公神道碑》、《朝散大夫胡公神道碑》、《禮部尚書趙公神道碑》、《內翰馮公神道碑》、《國子祭酒馮公神道碑銘》、《東平行臺嚴公神道碑》、《尤虎公神道碑》《刺史馬君[2]神道碑銘》、《康公神道碑銘》、《劉氏先塋神道碑》、《完顏公神道碑》、《畢侯神道碑銘》、《千戶趙侯[3]神道碑》[4]。

家廟碑式

立家廟自有品從。唐人三品以上得立，餘不得立。碑與墓碑制度同。曾見永寧縣西寺有《文潞公家廟碑》，是司馬溫公撰，制度與墓碑同。其陰今磨之，刻寺記矣。家廟碑立之家廟前。

---

① 經核對《韓昌黎集》，《唐故河東節度觀察使滎陽鄭公神道碑文》以下均為韓愈所作。
② 君：原作"公"，據《元好問全集》卷二七改。
③ 侯：原作"君"，據《元好問全集》卷二九改。
④ 經核對《元好問全集》，《沁州刺史李君神道碑》以下，均為元好問所作。

司馬溫公撰《文潞公家廟碑》。其略云：公以廟制未備，不敢作主，用晉荀安昌公祠制，作神板，采唐周元陽議，祀以元日、寒食、春秋分、冬夏至，致齋一日。又以或受詔之四方，不常其居，乃酌古諸侯載遷主之義，作車、奉神板以行。此皆禮之從宜者也。

先廟碑式

《烏氏廟碑銘》。壬辰，詔用烏公為銀青光祿大夫、河陽軍節度使兼御史大夫，封張掖郡開國公。居三年，河陽稱治，詔贈其父工部尚書，且曰："其以廟享。"即以其年，營廟於京師崇化里。軍佐竊議曰："先公既位常伯，而先夫人無加命號，名差卑，於配不宜。"語聞，詔贈先夫人劉氏沛國太夫人。八年八月，廟成，三室同宇，祀自左領府君而下，作主於第。乙巳，升於廟。

《魏博節度觀察使沂國公先廟碑銘》。田宏正始有廟京師。謹案，魏博節度使、銀青光祿大夫、檢校工部尚書兼魏州大都督府長史、御史大夫、沂國公田宏正，北平盧龍人。故為魏博諸將，忠孝畏慎。田季安卒，其子幼弱，用故事代父，人吏不附，迎宏正於其家，使領軍事。宏正籍其軍之眾與六州之人，還之朝廷，悉除河北故事比諸州，故得用為帥。已而復贈其父故滄州刺史兵部尚書、母夫人鄭氏梁國太夫人，得立廟祭三代：曾祖都水使者府君，祭初室；祖安東司馬贈襄州刺史府君，祭二室；兵部府君，祭東室。

《袁氏先廟碑》。袁公滋既成廟，明歲二月，自荊南以旄節朝京師，留六日，得壬子春分，率宗親子屬，用少牢於三室。既事退，言曰："嗚呼遠哉！維世傳德，襲訓集余，乃今有濟。今祭既不薦金石音聲，使工歌詩，載烈象容，其奚以飭稚昧於長久？惟敬繫羊豕，幸有石。如具著先人名跡，因為詩繫之語下，於義其可。雖然，余不敢，必屬篤古而達于辭者。"遂以命愈。已上係韓退之。

《丞相崔圓廟碑》。始立廟洛邑，曰考廟。王考廟皆二丈有七，從四尋，衡八尋，二戶立楹，外垂四阿，圬墁彩繪施以丹臒，齋室、爨室、庭垣稱之。禮曰：以勞定國則祀之，能禦大災則祀之，能捍大患則祀之，是宜廟食，以銘於鼎。古者諸侯立五廟，有鼎與樂。有國之制，侯伯有爵而無土，廟有鼎，祭有①樂，不克立五廟而立三廟，不銘於鼎而銘於碑。韓雲卿。

《南康郡王韋皋先廟碑》。萬物本乎天，人本乎祖，乃立宗廟以交神明。古者揚其功烈，銘於祭器，近古以魯鐘衛鼎追琢先德，不若鏤文字於麗牲之碑之為詳也。乃謹而書之。權載之。

《丞相代國公王涯先廟碑》。唐制，五等有爵服而無山川，登於三事，得立四廟，備物崇祀，以交神明，敬先報本，以輔孝治，有國之令典也。唯長慶三年，前相國王公，始卜廟於西京崇業里。公時鎮劍南東川，上章曰："臣涯官秩印綬，品俱第三，請如式以奉家廟。"制曰："可。"是歲仲冬，申命長男孟堅，祔其主於三室。明年，公入為御史大夫，復以十一月親行烝嘗。間歲，公出梁州，就拜司空，禮崇數異，廟加祀室。太和二年，增新室既成，祔顯考於尊位，告饗由禮。劉禹錫。

《彭陽郡公令狐楚先廟碑》。今上元年七月，具官令狐公，西嚮拜章上言："守臣楚蒙被恩深，列于元侯，得立家廟，以奉常祀。"制書下其奏於有司，於是善相考祥，得地於京師通濟里。居無何，新廟成。公以守藩故，申命季弟監察御史定卜牲練日。越八月丁亥，祔饗三室。堷墠以尚幽，設幄以迎精。理無尤違，神用寧謐。劉禹錫。

---

① 有：據董誥《全唐文》卷四四一韓雲卿《故中書令贈太子太師崔公廟碑》補。

《右僕射趙郡李紳先廟碑》。王建侯，侯建廟，廟有器，器有銘，所以論譔先德，明著後代。或書於鼎，或文於碑，古今之通制也。齋沐祇慄拜章上言，請立其廟以奉常祀。於是得請於天子，承式于有司。是歲某月某日，經始於東都，明年某月某日，有事於新廟，外盡其物，內盡其志，三獻百順，神格禮成。白樂天。

先塋先德昭先等碑之始

蒼崖先生曰：先塋、先德、昭先等碑，例似與神道碑墓誌碑不同。先塋、先德、昭先等碑，創建①於國朝，已前唐、宋、金皆無之。所書三代並妻子，例似與神道、墓誌不同也。

先塋先德昭先等碑式

《安肅郝氏先塋之碑》。宣差五路萬户郝侯和尚，貞祐（下缺）②。今年夏五月，侯朝行闕，對於幄殿者餘七十日，且以上廐馬二、西域馬三、彤弓四、鎧胄三、金錦三，并金虎符錫之。夫人劉氏，亦拜雙錦之賜。按：郝氏安肅人，葬於縣之元兔鄉千秋里者不知幾昭穆矣。曾大父諱廣，資善良，有陰德聞里中。年八十三，遇異人教之良禁，齒髮更生，又十年乃終。妣曰劉氏。大父諱全，任俠尚氣，勇於赴難，有朱家、郭解之器。妣曰田氏，生二子。侯之父諱增，氣節豪宕，人多歸之，不幸蚤世。妣曰孫氏。從上三世，皆潛德不耀，獨叔父彥，自承平

---

① 建：本作"業"，據光緒四年讀有用書三刊王芑孫評《金石三例》及繆荃孫《金石例札記》改。
② 四庫本、讀有用書三刊王芑孫評本"貞祐"下闕字，隨庵徐氏叢書《金石例》本"貞祐"下為墨釘，"下缺"二字系點校者補。

時以賫為恩州酒務使，次令安肅，迄今康寧壽考，坐饗榮養，歲時問安，孫息滿前。郝宗陽報之慶，斯濫觴也。雖侯襲已積之善，擁方來之福，而生子如此，祖考可以無恨矣！元遺山①。

《大丞相劉氏先塋神道碑》。謹按劉氏世居宣德縣北鄉之青魚里，孝弟力田，蓋有年矣。曾大父雲，自遼日為大家，有子四人：曰璋、曰瓊、曰玹、曰瓚。玹之子四人：顯仁，字仲明；祖仁，字仲昌；用仁，字仲至；體仁，字仲康。仲至府君即公之考也。公家故大族，府君娶同鄉李氏，生三子：長敦，字德厚；季劼，字德信。皆無祿，早世。公其第二子也。自大父以來，不常厥居，有其先塋止於青魚西北原而已。夫忠以報國，孝以起家；立身行道之義彰，慎終追遠之德厚。不有金石，後裔何觀？乃為之銘。公名某，字德柔，以小字某行。八子，某其長，已襲世爵云。

《歸德府總管范陽張公先德碑》。范陽張公漢臣，遣其參佐陳玠、李侃、侯玨自曹南走書幣及予於順天。書謂予曰："子良不敏，爰自束髮，以良家子隸軍籍，轉戰南北將四十年。馮藉先世積善之舊，生還鄉國，乃辛丑某月，得用侯伯之服、之禮，展省墳墓。考之令甲，諸仕及通貴，廟與墓俱有碑，應用螭首龜趺之制。竊不自揆度，思得文士之見信於人者譔述之。"維張氏族出范陽，其家於縣東仇家里者不知其幾昭穆矣。自公曾大父甲而下，皆隱德不耀。大父臣甫，資稟高亮，壽八十有七，怡然坐逝。祖妣王氏、李氏，生子三人，其季諱珪，純質有父風。明昌壬子之夏，三水泛濫，漂壞廬舍，至於丘壠亦為湮沒。珪與長女李乘船筏，百計訪求，僅得祖考遺骸於泥淖之下，其瀕於死者屢矣。妣宋氏，慈仁勤儉，孝於舅姑。生子二人：長即公；次曰子明，仕為鄜州洛郊主簿。母有前識，謂公材幹特達，後當貴顯，常戒之毋妄殺，以仁愛為懷。墓故在三水之陽，懲創水

---

① 經核對《元好問全集》，以下至《龍山趙氏新塋之碑》，作者均為元好問。

禍，改卜其陰，乃在所居之西南原，見於辛丑新阡者，特二世耳。初，大安兵興，公以材選為軍中千夫長。故予既論次其先德，并以公出處附之，欲人知張氏所以起其宗者蓋如此。

《龍山趙氏新塋之碑》。歲癸酉冬十月，先太師以王爵統諸道兵，長驅而南。癸卯冬十月，侯介於同官李稚川、周才卿為予言："吾趙氏世居保塞，以仕遷大梁。五代末有諱匡潁者，官至靜江軍節度使，兼桂州管內觀察使；弟匡衡及八世孫襄，叠仕於宋，皆至通顯。金朝兵破大梁，吾家例為兵所驅，盡室北行，至龍山，遂占籍焉。雖譜牒散亡，而其見於祖塋石誌者蓋如此。振玉之曾大父坤，隱田間，致貲巨萬。娶王氏，生大父憲。資倜儻，好施予，人多以急難歸之。娶馬氏，生子八人，吾父琳，其第四子也，幼出大家，頗以裘馬自喜。由大父而上，皆葬鄉里。振玉之考妣，兵亂中權厝縣西佛寺。比避兵還，而寺屋被焚，遂失藁殯所在。乃用故事，卜於平棘縣西北鄉蘇村里之南原，為顯考衣冠之藏。日者室人冀氏物故，因從祔焉。維遠祖自保塞遷大梁，既無歲月可考；自大梁遷龍山，則僅能志之。今南原卜宅，亦吾趙宗之大舉，不勒之金石，以昭示永久後世，其謂我何？誠得吾子，辱以文賜之，為幸多矣！敢再拜以請。"

《下邳劉氏先德碑銘》。下邳劉氏，其先世皆滄人，自總管而上，其世系、名諱與其仕宦可知者凡四世。高祖父諱辛，仕金，官至顯武將軍、軍資庫使、符離縣尉，升下邳令。子二人：長曰思誠，次曰思謙，業儒術，有子二人：曰元、曰珍。元早卒；珍字子玉，年八十二，以壽終。配樂氏、潘氏，子二人：曰榮、曰顯。其一早卒，皆樂氏所出。榮字德茂，至元十一年正月卒，享年七十有六。配邢氏，子男二人：長曰源，承事郎、樂安州①判官，娶徐氏。子男二人：曰某，次即總管傑也，娶謝氏，前卒，繼娶郭氏，靈壽縣尹敏之女。子男七人，傑，字漢卿，自曾大父以上，皆葬下邳巨山之陽；自祖父以下，皆葬益都。今將補松楸之闕，展拜掃之儀，願得子之文，刻之貞石。乃為次第其世數事，跡而繫之以銘。王鹿庵。

《彰德總管孫公先塋碑銘》。公之曾大父某，娶何氏。四子：慶祐、慶文、慶元、祿和。慶元，則公之大父也，娶趙氏，有婦德，二子：威、平。平早世，威即公之考也，年若干，終於某官，杜氏年八十八，下及五世孫，疾，公率其子拱、振等，諸孫謙、諧、誼等以聞。然而公未老，事業尚未既，而拱有才氣，謙既能以世其業云。予他日又可以考其淺深厚薄於此也。劉夢吉。

《懷孟萬戶劉公先塋碑銘》。按顯曾祖考諱德安，隱居不仕，妣張氏、楊氏。顯祖考祁陽府君，諱寶，資幹奇偉，氣畧過人，享年若干，妣李氏、楊氏、姜氏。顯考蒲陰府君，諱世鼎，不避矢石，竟被創而廢，享年若干，妣齊氏、張氏。三世皆葬祁州蒲陰之北鄉百長原，其宗支別有圖，列碑陰②。

《龐氏墓道先德碑銘》。曾祖其次居十，然以次推，十曾外二伯，曾則兄猶七人，其下有季叔無耶、昆弟耶、從父從祖之昆弟耶？所不可知，姑計是十家子孫，將不百人而止，咸盡於賊。惟十曾一子，祖府君

---

① 樂安州當為棣州。據《明史》卷四一《地理二》記載，洪武初廢元朝所置棣州，洪武六年六月，"復置州，改名樂安。宣德元年八月，改為武定州"。《山東通志》卷三記載："洪武元年省厭次縣入棣州，永樂元年因避諱改曰樂安州。"可見，元朝的棣州在明朝改稱樂安州，元人王盤（號鹿庵）所作《下邳劉氏先德碑銘》不可能用後代地名。樂安州地名在此出現，留下了《金石例》一書在明朝及以後刊刻的痕跡。
② 經核對《靜修集》，該文作者為劉因（字夢吉）。其中"其宗支別有圖"原作"其家宗支則有圖"，據《靜修集》卷八改。

諱智者存。考府君生六年，當至元改元①，明年己丑②夏五月二十有八日以卒，年七十七。考府君即墳喪之，仲應亦卒。仲溫以他求出異，以九年戊辰③十一月二十有七日卒，年止四十七，從葬先塋。諸姑四人，皆歸鄉人。詠昆仲二人合仲父、季父子各四人，為十人。輅銀符，由同提舉興州採木司主洺水簿卒，子文抑、文振。詠子文括、文播，承顔合諸父之子，男十二人，女十一人。姚牧菴。

《鄒平賈氏昭先之碑》。賈氏世為濟南鄒平人。祖諱某，以敦斂自尚，二子：長諱某，次諱某，尚書君父也，卒年六十四。配王氏，癸巳三月二十日，年七十卒。二子曰馴致、道君，曰某，以字顯，監濱州稅，孝友有為。四女：長適王氏，次李氏，次段氏，次王氏，皆濟南盛族。劉中菴。

賜碑名號之始

《退朝錄》云：唐太宗自撰《鄭④元成碑》，德宗亦撰《段秀實碑》，本朝太宗撰《中令趙公碑》。皇祐中，王侍郎子融，守河中還，乃以唐明皇所題裴耀卿額上之仁宗，遂御篆賜沂公碑曰旌賢。

賜碑名號式

《旌賢王沂公碑》《懷忠呂許公碑》《顯忠李忠武公碑》《旌忠寇萊公碑》《全德元老王太尉碑》《教忠積慶文潞公父洎碑》

---

① 元：據文意補。
② 至元二年為乙丑年，文中"己丑"恐誤。
③ 至元九年為壬申年，至元五年為戊辰年，文中"九年戊辰"恐誤。
④ 鄭：本作"魏"，據宋敏求《春明退朝錄》卷上改。

《親賢李侍郎用和碑》《褒親齊國獻穆公主碑》《旌功曹襄悼碑》《崇儒丁文簡碑》《舊學①晏元獻碑》《舊德張鄧公碑》《顯先積慶趙中令子鼎昭碑》《旌忠懷德張侍中耆碑》《儒賢高文莊碑》《思賢李相沆碑》《褒賢范文正公碑》《旌忠元勳狄忠襄碑》《褒忠陳恭公碑》《清忠王武恭碑》《純孝張文孝碑》《忠規德範宋元憲碑》《淳德守正呂文穆碑》《大儒元老賈公碑》。

---

① 舊學：原作"舊覺"，誤。李燾《續資治通鑑長編》卷一七八仁宗至和二年正月丁亥條：晏殊"既葬，篆其碑首曰'舊學之碑'"。歐陽修《歐陽永叔集》卷二十二《觀文殿大學士行兵部尚書西京留守贈司空兼侍中晏公神道碑銘並序》云：至和二年三月，晏殊"既葬，賜其墓隧之碑首曰'舊學之碑'"。

金石例卷三

碣式

《國子司業陽城遺愛碣》。公名城，字亢宗，家於北平，隱於條山。惟公端粹沖和，高巖懿醇，道德仁明，孝愛友悌，薰襲里閈，布聞天下。守節貞固，患難不能遷其心；怡性坦厚，榮位不足動其神。為司諫，義①震於周行；為司業，愛加於生徒。宜乎立石，俾後是憲。其辭曰：惟茲陽公，履道葆醇。爰初隱聲，覆簣基仁。德充而形，乃作諫臣。抗忠勵義，直道是陳。帝求師儒，貳我成均。開朗蒙滯，宣明德教。大和潛布，玄機密照。羣生聞禮，後學知孝。進退作則，動言是劾。匪公之軌，人用奚蹈？粗厲貪凌，待公順之。欺偽譎詐，待公信之。少年申申，咸適其宜。榎楚廢弛，尊嚴而威。公褒其良，俾升於堂。癃者既肥，榮如衮衣。公棄不用，懲咎內訟。既訟於內，猶公之誨。匪仁孰親？匪德孰尊？今公於征，孰表儒門？生徒上言，稽首帝閽。謂天蓋高，曾莫我聞。青衿涕濡，填街盈衢。遠逸於南，望慕踟

---

① 義：繆全孫《金石例札記》作"議"，今核不同版本的柳宗元文集，二字互見。

蹶。立石書德，用揚懿則。嗚呼斯文！遺愛罔極。

《故御史周君①碣》。有唐貞臣汝南周氏，諱某字某。以諫死，葬於某。貞元十二年，柳宗元立碣於其墓左。在天寶年，有以謟諛至相位，賢臣放退。公為御史，抗言以白其事，得死於墀下，史臣書之。公之死，而佞者始畏公議。銘曰：忠為美，道是履。諫而死，佞者止。史之志，石以紀，為臣軌兮。

《故秘書省校書郎獨孤君墓碣》。嗚呼！有唐仁人獨孤君之墓，祔於其父太子舍人諱助之墓之後。自其祖贈太子少保諱問俗而上，其墓皆在灞水之左。今王父營陵於其側，故再世在此。君諱申叔，字子重，年二十二舉進士，又二年，用博學宏詞為校書郎，又三年，居父喪，未練而沒，蓋貞元十八年四月五日也。是年七月十日而葬，鄉曰某鄉，原曰某原。柳子厚②。

墓碣式

《故兵部郎中楊君墓碣》。君諱凝，字懋功。貞元十九年正月某日，守尚書兵部郎中楊君卒。某月日，葬於奉先縣某原。既葬，其子姪洎家老謀立石以表於墓。葬令曰：凡五品以上為碑，龜趺螭首，降五品為碣，方趺圓首，其高四尺。按郎中品第五，以其秩不克偕，降而從碣之制，其世系則紀於大墓。柳子厚。

《故萬年令裴府君墓碣》。公諱墐，字封叔，河東聞喜人。太尉公諱行儉，實高祖。侍中公諱光庭，實曾祖。刑部員外郎府君諱積，實祖。大理卿府君諱儆，實父。冢子銑，奉柩以明年月日克葬於墓。銑以

---

① 君：原作"公"，誤，據《柳河東集》卷九改。
② 經核對《柳河東集》，以上三碑作者均為柳宗元。

文書來柳州，告其叔舅宗元，願碣於墓左，則洟為之銘①。

墓誌式

《故尚書戶部郎中魏府君墓誌》。魏氏世墓於某縣某原。唐興，有聞士諱之邅者，與子及孫，咸舉進士，嗣為儒，家綿州。涪城尉諱全瑤，魏州臨潢主簿諱欽慈，太常主簿諱絚，尚書膳部員外郎兼江陵少尹諱萬成，凡五代，名高而不浮於行，才具而不得其祿。江陵府君益之，以闊達之量，經緯之謀，故豪士賢大夫痛慕加厚。生郎中府君，諱宏簡，字曰裕之，以文行知名。監察御史柳宗元聞其道而玩其文也久，居又同閈，故哀而銘之。柳子厚。

《故朝散大夫永州刺史崔公墓誌》。維元和五年九月十五日壬子，永州刺史崔公薨於位，享年六十八。乙未，殯於路寢。景寅，遷神於舟。以某年某月日，歸葬於某縣某原，祔於皇考吏部侍郎贈戶部尚書府君之墓。公前夫人，徐州參軍滎陽鄭鉅女，有子曰義和，早夭。後夫人，萬年尉范陽盧彤女，嘉淑之德，繼聞宗族，有子曰貽哲、貽儉，克承於家。洎公之兄子曰勵、曰禮。誠願誌於墓，無忘公之德。

《安南都護張公誌》。公諱舟，字某，某郡人也。曾祖彥師，朝散大夫、尚書駕部郎中。祖瑾，懷州武德縣令。考清，朝議郎、試大理寺丞，贈右贊善大夫。咸有懿美，積為餘慶。公以忠肅循其中，以文術昭於外，推經旨以飾吏事，本法理以平人心。優詔累旌其忠良，太史嗣書其功烈。就加國子祭酒，封武城男，食邑三百戶。凡再策勳，至上柱國，三增秩至中散大夫。某年月薨於位，年若干。天子震悼，傷醊有加。明年，其孤某官與宗人號奉裳帷，率其家老，咨於叔父延唐令某，

---

① 經核對《柳河東集》，此碣作者為柳宗元。

卜宅於潭州某原。葬用某月某日，人謀皆從，龜兆襲吉。乃刻茲石，著公之閥，以志於丘窀，以告於幽明。

《邕州刺史李公誌》。公諱位，字某，實惟文皇帝之玄孫。別子曰承乾，為皇太子，以藩愛逼奪，危慄致禍，後封恒山，為愍王，贈荊州大都督。繼別曰象，蘄春郡太守、贈越州大都督、郇國公。大宗曰玭，太子詹事，贈祕書監。生廙，尚書左丞。凡四代，有土田，居貴仕。公丕承之，以率南服，克荷天休，繼有功德。嘗合汞、硫黃、丹砂為紫丹，能入火不動，以為神，服之且十年。然卒以是病，暴下赤黑，數日薨。實元和十三年六月十五日，年五十七。僚宰庀事，有緹五兩，無金銀泉貝，幾不克斂，夷人號呼致幣。歸，以明年月日葬，祔其穆長安西南高陽原上。

《貴州刺史鄧君誌》。君諱某，字某，南陽人，漢司徒禹之後也。曾祖倚，皇連州普城令。祖少立，皇滄州司馬。考邕，皇左武衛兵曹參軍。惟君敏給以御下，廉忠以承上。干蠱之稱，洽於諸侯；信謹之跡，彰於所蒞。故自始仕以至沒世，未嘗無聞焉。京兆弘農公①始由湖南為江西，再以君為從事，知之最厚。痛君之能，不施於劇任；惜君之志，見屈於羣疑。且以誌授宗元，使備其闕。古者觀其所使，而知在上之德；今也觀其所使，而知在下之誠。嗚呼！可無辭乎？

《呂侍御恭墓誌②》。呂氏世居河東，至延之始大，以御史大夫為浙東道節度大使。延之生渭，為中書舍人、尚書禮部侍郎，剌湖南七州。生四子：溫、恭、儉、讓。以溫為尚書郎，再贈至右僕射。恭字敬叔，他名曰宗禮，或以為字，實惟呂氏宗子。尚氣節，有勇畧，不事小謹。讀從橫書，理《陰符》《握機》《孫子》之術，曰："我師尚父胄

---

① 京兆弘農公：據《柳河東集》卷七補。
② 呂侍御恭墓誌：原作"桂管防禦副使呂公誌"，據《柳河東集》卷一〇改。

也。"不幸溫刺衡州，年四十卒。恭未及理人，年三十七又卒。世固有有其具而不及其用若溫、恭者耶？恭貌奇壯，有大志，信善容物，宜壽考碩大，而又不克。呂氏之道惡乎興？

《柳州司馬孟公誌》。常謙孟氏之孤曰遵慶，奉其父命書九篇，為善狀一篇，來告曰："月日君薨，月日將葬於某，敢請刻辭？"惟公志專於中，貌嚴於外。常立廷中毅然，望之若圖形刻像。聞國難，輒不寢食，謀度憤吒，以故病不可治。曾祖某官，諱某。祖某官，諱某。父某官，諱某。公之諱曰常謙，子遵慶，弟曰某。

《故試大理評事裴君誌》。裴氏之昭，曰贈戶部尚書諱某，穆曰起居郎諱某，生均州刺史諱某。均州與其弟大理更為刑部郎，用文史名於朝，善杜①禮書。長子曰某，射進士策，不中，去。過汴，韓司徒宏迎取為從事，以聞，拜太子通事舍人，進大理評事。當伐蔡及鄆，汴常為軍首，贊佐有勞。既事，將侍太夫人於京師，道發疽，元和十四年月日，終於河南敦厚里。年若干，字曰某。弟某，以其喪歸葬於某縣某里，未果娶，有男子二人，女一人。男之長曰某，通兩經，始杖且廬。

《大理評事柳君誌》。晉之亂，柳氏始分，曰耆，為汝南守，居河東。又五世曰慶，相魏。魏相之嗣曰旦，仕隋為黃門侍郎。其小宗曰楷，至於唐，刺濟、房、蘭、廓四州。楷生夏縣令府君諱繹，繹生司議郎府君諱遺愛，皆葬長安少陵原。遺愛生御史府君諱開，葬南陽。其嗣曰寬，字存諒，讀其世書，揚於文辭，卒於公館，元和六年八月七日也，年四十七。今將以某月日祔葬，苟又不得令辭而誌焉，是無以蓋前人之大痛，敢固以請？嗚呼！余懼辭之不令以為神羞，余曷敢不諾。

《祕書郎姜君誌》。祕書郎姜嶼，字某，開元皇帝外孫也。始，楚國公皎與上游，益貴幸。子慶初，得尚某公主，生嶼。嶼生三日，上曰：

---

① 杜：繆荃孫《金石例札記》作"社"。

"他物無以餉吾孫。"即勅有司，以第六品告與緋衣銀魚，得通籍出入。凡名是官，七十餘年終不徙。元和十四年月日終。桂州都督、御史中丞裴公曰："噫！帝戚也，葬不可以廉。"為具物，祭以豚酒。月日葬州東南一里。子某，年若干，母曰雷姬。

《襄陽丞趙君誌》。貞元十八年月日，天水趙公矜，年四十二，客死於柳州，官為殯葬於城北之野。矜之父曰漸，南鄭尉。祖曰倩之，鄆州司馬。曾祖曰訖安，金紫光祿大夫、國子祭酒。始，矜由明經為舞陽主簿，蔡帥反，犯難來歸，擢授襄城主簿，賜緋魚袋。後為襄陽丞。其墓自曾祖以下，皆族以位。時宗元刺柳，用相其事，哀而旌之以銘。

《溫縣主簿韓君誌》。有唐故溫縣主簿韓慎，字某，漢弓高侯其先也，徙於南陽。貞元十六年，又調於天官，署河陽丞，未拜，十有一日，暴病，卒於長安永崇里先人之廬。又十有一日，龜策襲吉，祔於咸陽洪瀆原先人之墓。

《東明張先生誌》。東明先生張氏曰因，嘗有以文薦於天子，天子策試甚高，以為長安尉。一年，投去印綬，願為黃老術，詔許之。病既亟，以命回曰："吾生天寶訖貞元乙酉歲十月，今死於汝之手，盈吾志矣。京師，吾生也；畢原，先人之歸也，必以返葬。"乃自為誌而卒。明年正月某日，葬如其言，弟子某等為碑以誌其墓。

《太府李卿外婦馬淑誌》。氏曰馬，字曰淑，生廣陵。母曰劉，客倡也。淑之父曰總，既孕而卒，故淑為南康謳者。李君為睦州，詆狂寇見誣，左官為循州錄，過而慕焉，納為外婦，偕竄南海上。及移永州，州之騷人多李之舊，日載酒往焉。聞其操鳴絃為新聲，撫節而歌，莫不感動其音，美其容，以忘其居之遠而名之辱，方幸其若是也。元和五年五月十九日，積疾卒於湘水之東，葬東岡之北垂，年二十四。

《朗州員外司戶薛君妻崔氏墓誌》。唐永州刺史博陵崔簡女諱媛，嫁為朗州員外司戶河東薛巽妻。三歲知讓，五歲知戒，七歲能女事。善筆劄，讀書通古今，其暇則鳴絃桐，諷詩騷以為娛。始，簡以文雅清秀，重於當世，其後病惑，得罪投驩州。諸女蓬垢涕號，柳氏出也。以叔舅命，歸於薛。元和十二年五月二十八日，既乳病，肝氣逆肺，牽拘左腋，巫醫不能已。期月之日，潔服飾容而終，年若干。某月日遷柩於洛；某月日，祔於墓。在北邙山南洛水東①。

墓誌式

《董府君墓誌》。公諱溪，字惟深，丞相贈太師、隴西恭惠公第二子。十九歲明兩經，獲第有司。沉重精敏，未嘗有子弟之過。賓接門下，推舉人士，侍側無虛口；退而見其人，淡若與之無情者。太師賢而愛之，除名徙封州。元和六年五月十二日，死湘中，年四十九。公之母弟全素，孝慈友弟，公坐事，棄同官令歸，公歿比葬三年，哭泣如始喪者。大臣高其行，白為太子舍人。將葬，舍人與其季弟澥，問銘於太史氏韓愈，愈則為之銘。韓退之。

《處士裴君墓誌》。河東聞喜裴君諱某，字某，好學未仕，年若干，元和十四年月日，終於京兆渭南墅。君之弟中丞公督桂州，命其僚柳宗元以銘。君之出，河間邢羣以狀來告曰②：曾祖諱某，寧州刺史，贈戶部尚書。祖諱某，起居郎。父諱某，尚書刑部員外郎。是年月日，葬渭南某里，遷韋夫人之喪自萬年來，有俟，猶異室。柳子厚。

《志從父弟宗直殯》。從父弟宗直，生剛健好氣，自字曰正夫。聞人善，立以為己師；聞惡，若己讐。見佞色謟笑者，不忍與坐語。善

---

① 經核對《柳河東集》，自《故朝散大夫永州刺史崔公墓誌》以下至此，墓誌文的作者均為柳宗元。

② 曰：據《柳河東集》卷一一補。

操觚牘，得師法甚備。融液曲折，奇峭博麗，知之者以為工。作文辭，淡泊尚古，謹聲律，切事類，譔《漢書》文章為四十卷。是月二十四日，出殯城西北若干①尺，死七日矣。俟吾歸，與之俱，志其殯。

《伯祖妣趙郡李夫人墓誌銘》。夫人，姓李氏，辯族氏者曰，趙郡贊皇之東祖。祖某，為某官。父沖，為單父尉。夫人生於良族，嶷然殊異。及笄，德充於容，行踐於言，高朗而不傷其柔，嚴恪而不害其和。特善女工翦製之事，又能為雅琴秦聲操縵之具。婦道既備，宜為君子之配偶焉。我伯祖臨邛令府君諱某，受夫人於李氏之廟而歸於正室。諸姑合宗元以為斯志，以從人之道，內夫家，外父母家，且又葬於我，志於我，故叙柳氏為備。

《户部郎中魏府君墓誌》。魏氏世墓於某縣某原。唐興，有聞士諱之邊者，與子及孫，咸舉進士，嗣為儒，家綿州。涪城尉諱全瑤，魏州臨潢主簿諱欽慈，太常主簿諱繩，尚書膳部員外郎兼江陵少尹諱萬成，凡五代，名高而不浮於行，才具而不得其祿。江陵府君益之以閎達之量，經緯之謀，故豪士賢大夫痛慕加厚。生郎中府君諱宏簡，字曰裕之，以文行知名。由是處約以終其世。既殁，家宰庀其政，視廩惟釜鍾，視藏惟束帛，無餘積焉。十有一月，遣車歸於洛師。某日，祔於墓。監察御史柳宗元聞其道而玩其文也久，居又同閈，故哀而銘之。

《亡姊裴君夫人墓誌》。柳氏至於唐，其著者中書令諱奭，中書之弟之子曰徐州府君諱某，實有孝德，世其家業。清池府君諱某，繼之以茂實。德清府君諱某，承之以善政。以至於侍御史府君諱某，用貞信勁，正達於邦家。克生賢女，以配於裴氏。其年八月十八日甲子，安厝於長安縣之神禾原，從於先塋，祔於皇姑，宜也。母弟號哭而為之志：嗚呼！至哀無文，至敬不飾，故無其辭。

---

① 干：原作"千"，據《柳河東集》卷一二改。

《亡妻弘①農楊氏墓誌》。亡妻弘①農楊氏諱某，高祖皇司勳郎中諱某，司勳生殿中侍御史諱某，殿中生醴泉縣尉諱某，醴泉生今禮部郎中凝。代濟仁孝，號為德門。郎中娶於隴西李氏，生夫人。及許嫁於我，柔日既卜，乃歸於柳氏。遂以九月五日庚午，克葬於萬年縣棲鳳原，從先塋，禮也。是歲，唐貞元十五年龍集己卯，為之誌云②。

葬誌式

《馬室女雷五葬誌》。馬室女雷五，父曰師儒，業進士。雷五生，巧慧異甚，凡事絲纊文繡，不類人所為者，余睹之甚駭。家貧，歲不易衣，而天姿潔清脩嚴，恒若簪珠璣、衣紈縠，寥然不易為塵垢雜。年十五，病死。死後二日，葬永州東郭東里。以其姨母為妓於余也，將死，曰："吾聞柳公嘗巧我慧我，今不幸死矣，安得公之文志我葬？"其父母不敢以云。葬之日，余乃聞焉，既而閔焉。以攻石之後也，遂為砂書玄甄，追而納諸墓。柳子厚。

殯誌式③

《志從父弟宗直殯》。已見墓誌。柳子厚。

權厝誌式

《刺史崔君權厝誌》。博陵崔君，由進士入山南西道節度府，始

---

① 弘：本作"宏"，據《柳河東集》卷一三改。
② 經核對《柳河東集》，自《志從父弟宗直殯》以下至此，墓誌文的作者均為柳宗元。
③ 式：原本闕，據光緒四年讀有用書三刊王芑孫評《金石三例》本補。

掌書記。至府留後，凡五徙職、六曾官，至刑部員外郎。出刺連、永兩州。未至永，而連之人愬君。御史按章具獄，坐流驩州。幼弟訟諸朝，天子黜連帥，罷御史，小吏咸死。投之荒外，而君不克復，元和七年正月二十六日卒。夫人河東柳氏，德碩行淑，先崔君十年卒。其葬在長安東南少陵北。君以竄没，家又有海禍，力不克祔。三年，將復故葬也，徒志其一二大者云。柳子厚。

《亡姑渭南縣尉陳君夫人權厝誌》。唐貞元十七年九月六日甲子，前渭南縣尉潁川陳君之夫人河東柳氏，終於平康里。將終，告於陳君曰："吾生四十有四年，為陳氏介婦九年，謹飾不怠以至此，命也。嘗謂君宜有貴位，而不克見，執親之喪，不得終紀，皆天譴之大者也。且願殺禮，以成吾私，邇先夫人之墓而窆我焉。將俟君之不諱，而歸復於正，其可也。"陳君乃卜十二月十八日，權厝於城南，原曰棲鳳，如夫人之志。

《連州司馬凌君權厝誌》。年月日，尚書都官員外郎、和州刺史、連州司馬富春凌君諱準卒於桂陽佛寺。執友河東柳宗元，哀君有道而不明白於天下，離愍逢尤夭其生，且又同過，故哭以為志，其辭哀焉①。

歸祔誌式

《先太夫人歸祔誌》。先夫人姓盧氏，諱某，世家涿郡，壽止六十有八。元和元年歲次丙戌五月十五日，棄代於永州零陵佛寺。明年某月日，安祔於京兆萬年棲鳳原先侍御史府君之墓。其孤有罪，銜哀待刑，不得歸奉喪事，以盡其志，姪泊太夫人兄之子弘禮承事焉。靈車遠去而身獨止，玄堂暫開而目不見；孤囚窮縶，魄逝心壞。蒼天蒼天，有

---

① 經核對《柳河東集》，《亡姑渭南縣尉陳君夫人權厝誌》《連州司馬凌君權厝誌》的作者均為柳宗元。

如是耶？有如是耶？而猶言猶食者，何如人耶？已矣！窮天下之聲，無以舒其哀矣；盡天下之辭，無以傳其酷矣。刻之堅石，措之幽陰，終天而止矣。柳子厚。

《叔妣陸氏夫人遷祔誌》。夫人諱則，字內儀，姓陸氏，家於吳郡，蓋江左上族。以宗子在他國，家牒逸墜，故曾王父、王父之諱、官，不克究知而闕其文。父覃，皇河南陸渾令。夫人生而柔，笄而禮。會伯舅為河南尹，撰擇僚寀，謂我文學掾仲父，士林殊英，儒流推高，故夫人歸於我，夫人之志也。遂以其年十二月十三日庚午，合祔於少陵原之墓。恭惟仲父之諱字，夫人之爵齒，備於版文，今不書，懼再告也①。

墓版文式

《故叔父殿中侍御史府君墓版文》。柳氏之先，自黃帝及周、魯，其著者無駭，以字為展氏，禽以食采為柳姓。厥後昌大，世家河東。嗚呼！公諱某，字某，曾王父朝請大夫、徐州長史諱子夏，遺貞白之操，表儀宗門。王父朝請大夫、滄州清池令諱從裕，垂博裕之道，啟祐後胤。皇考湖州德清令諱察躬。小子常以無兄弟，移其睦於朋友。少孤，移其孝於叔父。天將窮我，而奪其志，故罔極之痛仍集焉！樸魯甚駮，不能文字，敢用書宗人之辭，以致其直，故質而俚。輟哭紀事，哀不能文，故敘而終焉。柳子厚。

---

① 經核對《柳河東集》，該志文的作者為柳宗元。

金石例卷四

銘文之始

《事祖廣記》云，蔡邕曰：黃帝有金几之銘。《王子年拾遺記》曰：黃帝以神金鑄器，皆有銘題。凡所造建，皆記其年時，此銘之起也。

《三禮圖》云，《檀弓》曰：銘，明旌也。以死者為不可別已，故以其旗識之。註：明旌，神明之旌也。《士喪禮》云：為銘各以其物，亡則以緇，長半幅，赬末長終幅，廣三寸，書銘於末，曰某氏某之柩。註：銘，明旌也，雜帛為物，大夫之所建也。以死者為不可別，故其旗識識之，愛之斯錄之矣。亡，無也，無旌，不命之士也。半幅一尺，終幅二尺，在棺為柩。今文銘皆為名，末為旆也。竹杠長三尺，置於宇西階上。註：杠，銘橦也。宇，梠也。《周禮·司常》：大喪則供銘旌。註：王則太常、司常。職云：王建太常，諸侯建旂，孤卿建旜，大夫士建物，則銘旌亦然，但尺數異耳。《禮緯》云：天子之旌，高九仞，諸侯七仞，大夫五仞，士三仞。其《士喪禮》：竹杠長三尺，則死者以尺易仞也。天子九尺，諸侯七尺，大夫五尺，士三尺，其旌旗身，亦以尺易仞也。又從遣車之差，蓋以喪事畧故也。若不命之士，則《士喪禮》云：以緇布半幅長一尺也，頳其末，長終幅，長二尺也，緇頳共長三尺，廣三寸。書銘於末曰："某氏某之柩。"竹杠長三尺，置於宇西坫上。

《荀禮論》云：祭祀，敬事其神也。其銘誄繫世，敬傳其名也。註：銘謂書其功於器物，若孔悝之鼎銘者，誄謂誄其行狀，以為謚也。繫世謂書其傳襲，若今之譜牒也，皆所以敬傳其名於後世。

《禮祭》統銘之義，稱美而不稱惡，此孝子孝孫之心也。銘者，論著其先祖之有德善、功烈、勳勞、慶賞，聲名於天下。

前輩云：銘婦人墓，當詳於家世，議論取法於韓退之。退之所作，蓋出於碩人之詩，觀其銘元稹妻韋夫人墓可見矣。

銘式

《權德輿世德銘》。乃權公紀先世之德也，四言無序，此又一例也：肅肅我祖，玄鳥自天；天乙革夏，武丁相賢。手文命子，開國於權。末云：聿修之誡，大懼不克；夙夜以思，敢銘世德。

《唐故悼王石塔銘》。并序。唐開元五年歲在丁巳四月庚午朔二十一日庚寅，故悼王薨於上陽之中禁，曰二歲而未及周。嗚呼哀哉！王即開元神武皇帝第九之愛子也，以其月二十七日丙申，葬於萬安山之東南嶺。壙惟五尺，棺不三寸，壘石塔一丈於其上，不雕不礱，從尚薄也。其銘曰：南有萬安兮北有洛城，城可望兮天之京，嗚呼悼王寧不戀兮？嗚呼悼王寧不見兮？倚素塔兮凌翠微，空不礙兮雲則飛，嗚呼悼王兮其何歸？蘇頲。

《廬山女道士石碣銘》。道士，梁洞微也，其銘無序，四言。廬山玄德先生碣銘亦然。符載。

《河中府法曹張君墓碣銘》。君字直之，祖驥，父孝新，皆為官汴宋間。君嘗讀書，為文辭有氣。有吏才，嘗感激，欲自奮拔，樹功名以見世。初，舉進士，再不第，因去。事宣武軍節度使，得官至監察御史，坐事貶嶺南。再遷至河中府法曹參軍，攝虞鄉令，有能名。進攝河東令，又有名，遂署河東從事。絳州闕刺史，攝絳州事，能聞朝廷。元和四年秋，有事適東方，既還，八月壬辰，死於汴城西雙丘，年四十有七。明年二月日，葬河南偃師。妻彭城人，世有衣冠。祖好順，泗州刺史。父泳，卒蘄州別駕。女四人，男一人，嬰兒汴也。是為銘。韓退之。

《虞部員外郎張府君銘》。尚書虞部員外郎安定張君諱季友，字孝權，年五十四，病卒東都。塗進韓氏門，伏哭庭下，曰："叔父且死，幾於不能言矣，張目而言曰：'吾不可無告韓君別，藏而不得韓君記，猶不葬也。塗為書致吾意。'已而自署其末與封，敢告以請。"愈既與為禮，發書云云，其末有複語"千萬永訣"八字，名日月與封，皆孝權跡。孝權為人孝謹，與人語，恐傷之，而時嶷嶷有立。與孝權游者極衆，而獨以其死累余，可尚也已！是為銘①。

《東明張先生銘》。匪祿而康，匪爵而榮。漠焉以虛，充焉以盈。言而不為華，光而不為名。介潔而周流，苞涵而清寧。幽觀其形，與化為冥。寂寞以成其道，是以勿嬰。世皆狂狂，奔利死名。我獨浩浩，端一以生。或曰："先生友悌以道，慈幼以死，若不能忘情者何耶？"吾曰："道去友耶？去慈耶？從容以求，其得之耶？盪莽狠悻，道之非耶？且夫虧恩壞禮，枯槁憔悴，隳聖圖壽，離中就異。欻然與神鬼為偶，頑然以木石為類。悾侗而不實，窮老而無死。先生之道，固知異夫如此也。"乃書於石以紀。柳子厚。

---

① 經核對《韓昌黎集》，此文作者為韓愈。

墓銘式

《李元賓墓銘》。已虖元賓，壽也者，吾不知其所慕；夭也者，吾不知其所惡。生而不淑，孰謂其壽？死而不朽，孰謂之夭？已虖元賓，才高乎當世，而行出乎古人。已虖元賓，竟何為哉！竟何為哉！韓退之。

《崔評事墓銘》。朝之言嘻嘻，夕之言怡怡。偕入而出乘馬馳，一日不見而死。吁其悲！

《施先生墓銘》。先生之祖，氏自施父。其後施常，事孔子以彰。讐為博士，延為太尉。太尉之孫，始為吳人。曰然曰續，亦載其跡。先生之興，公車是召。纂序前聞，於光有曜。古聖人言，其旨密微。箋注紛羅，顛倒是非。聞先生講論，如客得歸。卑讓朒朒，出言孔揚。今其死矣，誰嗣為宗？縣曰萬年，原曰神禾。高四尺者，先生墓耶。

《盧君墓銘》。盧君東美。愈謂立曰："子來宜也，行不可一二舉。且吾之生也後，不與而祖接，不得詳也。其大者，莫若衆所與，觀所與衆寡，茲可以審其德矣。乃祖未出而處也，天下大夫士以為與古之夔、皋者侔，且可以為相，其德不既大矣乎！講說周公、孔子，樂其道，不樂從事於俗；得所從，不擇外內奮而起。其進退既不合於義乎？銘如是，可以示於今與後也歟。"立拜手曰："唯唯。"君祖子輿，濮州濮陽令。父同，舒州望江令。夫人之祖延宗，鄆州司馬。父進成，鄜州洛交令。男三人：暢、申、易；女三人，皆嫁為士人妻。墓在河南緱氏縣梁國之原，其年月日，元和二年二月十日云。

《大理評事胡君墓銘》①。胡之氏，別於陳；明允先，河東人。世

---

① 大理評事胡君墓銘：本作"大理評士胡君墓誌"，據《韓昌黎集》卷二五改。

勤固，戴厥身；籍文譜，進連倫。惟明允，加武資；力牛虎，柔不持。吏夏陽，有施為；去平陽，民思悲。河東土，河陸原；宜茲人，肖厚完。五十七，不足年；孤兒啼，死下官。母弟証，秩大夫；撫君遺，哭泣書。友韓愈，司馬徒；作後銘，系序初。

《衛府君墓銘》。嗟惟君，篤所信。要無有，弊精神。以棄餘，賈於人。脱外累，自貴珍。訊來世，述墓文①。

《故相權公墓銘》。權在商周，世無不存；滅楚徙秦，嬴劉之間。甘泉始侯，以及安丘；詆訶浮屠，皇極之扶。貞孝之生，鳳鳥不至；爵位豈多，半途以稅。壽考豈多，四十而逝；惟其不有，以惠厥後。是生相君，為朝德首；行世祖之，文世師之。流連六官，出入屏毗；無黨無讐，舉世莫疵。人所憚為，公勇為之；其所競馳，公絕不窺。孰克知之，德將在斯。刻詩墓碑，以永厥垂。

《覃季子墓銘》。覃季子，其人生愛書，貧甚，尤介特，不苟受施。讀經傳言，其説數家。推太史公、班固書下到今，橫豎鉤貫，又且數十家，通為書，號《覃子史纂》。又取《鬻》《老》《管》《莊》《子思》《晏》《孟》下到今。其術自儒、墨、名、法，至於狗彘草木，凡有益於世者，為《子纂》又百有若干家。篤於聞，不以仕為事。黜陟使取其書，以氏名聞，除太子校書。某年月日，死永州祁陽縣某鄉。將死，嘆曰："寧有聞而窮乎，將無聞而豐乎？寧介而躓乎，將涵而遂乎？"葬其鄉。後若干年，柳先生來永州，戚其文不大於世，求其墓，以石銘。銘曰：困其獨，豐其辱。柳子厚。

《善人白公墓銘》。齒以德尊，師以道存，習俗以教遷。惟仁人君子之所居，若時雨然。羽山之顏，疵癘為蠋。媿心發之彦方，學業復於譙玄。禮所以祠鄉長者，而傳書先賢。在昔兵屯，河曲雄邊；爰分公

---

① 經核對《韓昌黎集》，自《崔評事墓銘》至此，銘文作者均為韓愈。

家，乃誦乃絃。身為義方，奉之周旋；兩息蹁蹁，起為儒先。炭彼熒臺，火伏在泉；振而鼓之，有光屬天。仲也銅章，惠浹岐岍；叔也奉璋，入侍禁垣。藹兮芝蘭之庭，炯兮珠玉之淵。州里趨風，媚學躚躚。至於餘波所及，且孝弟而力田。古有之，種德欲深，望歲百年。有相之道，理無空捐。祿匪我榮，殆以為黨，塾無窮之傳。樂石有銘，表公之阡。異時配縣社之食，尚有攷焉。元遺山。

墓誌銘式

《裴君墓誌銘》。裴為顯姓，入唐尤盛。支分族離，各為大家。惟公之系，德隆位細。曰子曰孫，厥聲世繼。晉陽之色，愉愉翼翼。無外無私，幼壯若一。何壽之不遐，而祿之不多。謂必有後，其又信然耶！韓退之。

《薛君墓誌銘》。宦不遂，歸讒於時。身不得年，又將尤誰。世再絕而紹，祭以不隳。

《韋夫人墓誌銘》。《詩》歌《碩人》，爰叙宗親；女子之事，有以榮身。夫人之先，累公累卿。有赫外祖，相我唐明。歸逢其良，夫夫婦婦。獨不與年，而卒以夭。實生五子，一女之存。銘於好辭，以永於聞。

《李公墓誌銘》。高其上而坎其中，以為公之宮，奈何乎公。

《房君墓誌銘》。有位有年，有弟有子。從先人葬，是謂受祉。

《石公墓誌銘》。生之艱，成之又艱。若有以為，而止於斯。

《韋公墓誌銘》。武陽受業，始于太師；以官讓兄，自待不疑。勤於紫閣，取益以卑；可謂有源，卒用無疵。慊慊為人，矯矯為官；爰及江西，功德具完。名聲之下，獨處為難；辯而益明，仇者所歎。碑於墓前，維昭美故；納銘墓中，以識公墓。

《畢君墓誌銘》。上古愛民，為官求人；苟可以任，位加其身。其後喜權，人自求官；退而緩者，身後人先。故廣平死節，而子不荷其澤；王屋謹廉，而神不福其謙。嗚呼！天與人，苟無傷其穴與墳。

《盧丞墓誌銘》。弘①農諱懷仁，沂諱璬，襄陽諱某。今年實元和六年。

《苗君墓誌銘》。有行以為本，有文以為華。恭以事其職，而勤以嗣其家。位卑而無年，吁其奈何！

《孔君墓誌銘》。允義孔君，茲惟其藏。更千萬年，無敢壞傷。

《杜君墓誌銘》。杜氏大家，世有顯人；承繼綿綿，以及公身。始為進士，乃篤朋友；及作大官，克施克守。篆辭奮筆，渙若不思；公牒盈前，笑語指麾。祿以給求，食以會同；不畜不牧，庫廄虛空。事在於人，日遠日忘②；何以傳之，刻此銘章。

《盧渾墓誌銘》。前汝父母右汝兄，汝從之居，視汝如生。遷汝居兮，日月之良。汝居孔固兮，後無有殃。如不信兮，視此銘章。

《息國夫人墓誌銘》。男主外事，治不為易；施於其家，難甚吏治。又況公侯，族大而貴；夫人是專，厥聲惟懿。昔在貞元，有錫自天；啟封備服，以疇時勳。婉婉夫人，有籍宮門；克承其後，以嫁以婚。隨葬東土，在河之陽；遙望公墳，而不同藏。

《王君墓誌銘》。鼎也不可以柱車，馬也不可使守闈。佩玉長裾，不利走趨。祇繫其逢，不係巧愚。不諧其須，有銜不祛。鑽石埋辭，以列幽墟。

《扶風郡夫人墓誌銘》。陰幽坤從，維德之恒；出為辨強，乃匪婦能。淑哉夫人，夙有多譽；來嬪大家，不介母父。有事賓祭，酒食祇

---

① 弘：本作"宏"，誤，據《韓昌黎集》卷二五改。
② 忘：原作"亡"，據《韓昌黎集》卷二六改，繆全孫《金石例札記》已校正。

飭；愶於尊章，畏我侍側。及嗣内事，亦莫有施；齊其躬心，小大順之。夫先其歸，其室有丘；合葬有銘，壹彝是收。

《李君墓誌銘》。不羸其躬，以尚其後人。

《乳母墓誌銘》。乳母李，徐州人，號正真。入韓氏，乳其兒愈。愈生未再周月孤，失怙恃。李憐不忍棄去，視保益謹，遂老韓氏。及見所乳兒愈，舉進士第，歷佐汴、徐軍，入朝為御史、國子博士、尚書都官員外郎、河南令，娶婦，生二男五女。時節慶賀，輒率婦孫，列拜進壽。年六十四，元和六年三月十八日疾卒。卒三日，葬河南縣北十五里。愈率婦、孫視窆封，且刻其語於石，納諸墓為銘①。

《盧太醫墓誌銘》。岐黃聖學，炳如日星。苟非其人，道不虛行。惟尚藥公，有得《内經》。探病之源，起死而生。為醫作鏡，底裏洞明。道風既扇，取重漢廷。陽報沓來，壽考康寧。儵然坐逝，歸神太清。大河安流，扶衛厥靈。扁鵲湯陰，實魏大名。遥遥華冑，復起魏京。古今世業，前後家聲。遺書具在，永為世程。元遺山。

《張君墓誌銘》。履潔修體，柔嘉内美，充福不遏。哀哀蒼天，孰使然耶？天耶人耶？其父母耶？從容以思，其得之耶？苗其芽，鬱其華，其實孔多。父播而子穫，穰穰滿家。故曰：其源濫觴，其流江河。淵兮其未涯，不有以浚之，其末奈何？然則古所謂"不於其躬，必於其子孫"者，尚信然耶？尚信然耶？②

墓碣式

《河中府法曹張君墓碣銘》。已見銘式。

---

① 經核對《韓昌黎集》，自《薛君墓誌銘》至此，銘文作者均為韓愈。
② 經核對《元好問全集》，此文的作者為元好問。

《蘧然子墓碣銘》。蘧然子諱滋，字濟甫，姓趙氏，本出馮翊。其大父天會、貞元間來為汴梁戶籍判官，卒官下，妻子不能歸，遂為汴人。父諱青，字漢卿。蘧然子三男：長某，次某，兵亂中所失；小子尚幼。二女：次即孟卿所娶者。蘧然子春秋五十有九，以病終，權葬於東平沂州門之外若干步。庚子歲除日，予實銘之。其銘曰：積之之深，守之之堅，傳人之所不傳，兼人之所獨專。自拔泥塗，如蛻而仙。文以表之，慰彼下泉。顧雖愛我，豈以一言而敢私焉？元遺山。

《張遵古墓碣銘》。茫茫之原，纍纍之阡，行人而歸，何千萬年？有子而傳，孰不欲揚其先？今君獨然。修德則人，而死而不亡則天。吾是以知其人之賢①。

墓甎銘式②

《下殤女子墓甎銘》。孰致也而生？孰召也而死？焉從而來？焉往而止？魂氣無不之也，骨肉歸復於此。柳子厚。

《小姪女墓甎銘》。字為雅，氏為柳。生甲申，死己丑③。日十二，月在九。是日葬，東岡首。生而惠，命則夭。始也無，今何有？質之微，當速朽。銘茲瓦，期永久④。

壙銘式

《女挐壙銘》。汝宗葬於是，汝安歸之，惟永寧。韓退之。

---

① 經核對《元好問全集》，此文的作者為元好問。
② 式：據上下文體例補。
③ 己丑：原文作"巳丑"，誤。據《柳河東集》卷一三改。
④ 經核對《柳河東集》，此文作者為柳宗元。

金石例卷五

古墓表式

《蔡致遠墓表》《周景和墓表》《周無晦墓表》《李德元墓表》《楊希節墓表》《智氏夫人墓表》《司馬夫人墓表》《宋夫人墓表》《呂氏夫人墓表》《唐元夫墓表》。

今墓表式

《文通先生陸給事墓表》。郡人陸先生質，與①其師友天水啖助洎趙匡，能知聖人之旨。故《春秋》之言，及是而光明。使庸人小童，皆可積學以入聖人之道，傳聖人之教，是其德豈不侈大矣哉！先生字某，既讀書，得制作之本，而獲其師友。於是合古今，散同異，聯之以言，累之以文。蓋講道者二十年，書而志之者又十餘年，其事大備，為《春秋集註》十篇、《辯疑》七篇、《微旨》二篇。用是為天子爭臣，尚

---

① 與：原作"以"，據《柳河東集》卷九改。

書郎、國子博、給事中、皇太子侍讀，皆得其道。刺二州，守人知仁。永貞年，侍東宮，言其所學，為《古君臣圖》以獻，而道達乎上。是歲，嗣天子踐阼而理，尊優師儒。先生以疾聞，臨問加禮。某月日，終於京師。某月日，葬於某郡某里。將葬，以先生為能文聖人之書，通於後世，遂相與謚曰文通先生。後若干祀，有學其書者過其墓，哀其道之所由，乃作石以表碣。柳子厚。

《殿中侍御史柳公墓表》。唐貞元十二年二月庚寅，葬我殿中侍御史、河東柳公於萬年縣之少陵原。公諱某，字某，邑居於虞鄉。曾王父某官，王父某官，皇考某官。奕世餘慶，叢而未稔。濟德流祉，其後宜大。秀而不實，為善者惑。嗚呼哀哉！故友諸生，宗人外姻，號慟會葬，哀禮咸申。克窆玄堂，掩坎廣輪。顧盼無依，徘徊增哀。願勒休聲，延垂後賢。於是汝南周公巢等，相與琢石書德，用圖不朽。文曰：抱元淳，稟粹和。既強毅，又柔嘉。登儀曹，耀文章。司學徒，儒風揚。自渭北，佐朔方。戎政閑，黔首康。冠惠文，垂衣裳。才不施，天茫茫。刊樂石，篆遺德。延休烈，垂憲則。於萬年，長無極①。

《朝列大夫張公墓表》。公諱公著，字庭俊，姓張氏，初名宁，以夢兆改焉。世為太原陽曲人。曾大父某，知宋將亂，隱居不仕。大父祐，好讀書，尤長於術數，卜葬東山之大石谷，自言却後三十年，吾宗當有文達者，已而果然。考諱某，資稟寬緩，輕財好施，以詩書棋酒自適，後因公貴，封朝列大夫，生三子，公其季也。先大夫履正奉公，惟義所在，死生禍福，無所顧藉。天下大夫士飽聞而厭道之，果得掛名表誌，自託不腐，鄉里晚生預有榮焉，敢不唯命是聽？乃退而論次之，而系之以銘。銘曰：平易而仁，卓魯之近民。發奸擊強，趙、張、三王之所以神。此在公為一節，固已無望于時之人。若夫確固而不移，質直而

---

① 經核對《柳河東集》，此文作者為柳宗元。

無文。直前徑行，唯義所存。有言責則致其忠；有官守則致其身；名節凜然，獨為不二心之臣。聞公之風，益知鄙夫之不可以事君。元遺山。

《御史張君墓表》。謹按：中奉大夫、故治書侍御史、守申州刺史張君，諱汝明，字子玉，世家汶上。曾大父靖，大父彥，皆潛德弗耀。父恕，用君貴，贈中議大夫。母程氏，清河郡太君。君三歲喪父，母程，故衣冠家而有賢行，力課君學，君亦能自樹立如成人。弱冠，擢大安元年經義進士第。君資稟厚重，與人交，敦仁義，平居恂恂，似不能言。及當官而行，剛介有守，論議純正，人不能奪。仕宦三十年，家無餘資。其他尚多可稱弗著，著不為窮達易節者。銘曰：汶之洋洋，思聖有堂；禮樂衣冠，此為之鄉。維御史君，尤魯士之良；沉潛而剛，耆艾而敦龎，可以為公卿大臣，訓於四方。昔往矣，秉筆帝傍，藹然粹溫，如珪如璋；今來斯，微服裹糧，衡門棲遲，詠歌虞唐。謂其逢也耶？茫乎及夜舟之藏；其不逢也耶？泰焉如晚節之昌。抱明月而長終，懷舊俗而不忘；在君為樂天，而識者涕滂。林深而蘭芳，風雨如晦，而雞鳴有常。世無良史久矣，孰為發幽潛之光。

《司農丞康君墓表》。君諱錫，字伯祿，姓康氏，世為寧晉人。中崇慶二年進士第，釋褐櫟陽簿、警巡判官，辟彭原令，入為尚書省掾。考滿，遷開封府判官，尋拜監察御史。言："宰相侯摯、師安石非相材，提點近侍局宗室安之①聲勢熠熠，公門請托，不可使久在禁近。"朝議偉之。選授右司都事，遷京南路大司農丞。破上蔡諸縣羣不逞把持之黨，彈種人以贓污，尤狼藉者五六輩。宰相有不說者云："康錫不欲吾種人在仕路耶？"因以飛語中之。出為河中府治中、充行尚書六部郎中。城陷，投水死，時年四十八。

《陽曲令周君墓表》。君諱鼎，字器之，姓周氏，世為定襄人。

---

① 之：本作"石"，據《元好問全集》卷二一改。

遷陽曲令、權河東北路轉運司戶籍判官、帥府檢察。又明年，雁門破，兵勢駸駸而南。鄉曲以太原不可保，趣君弟獻臣，就謀去就，君為獻臣言："城不保必矣。我，臣子也，尚欲逃死乎？"獻臣欲挈君妻子以出，君又不可，曰："吾守官於此，而不以妻子自隨，是懷二也。吾弟往，吾死於此矣。"乃與之泣別於北門之外。是歲城陷，沒於兵，實興定二年九月六日也。得壽三十有七，官奉直大夫。

《史邦直墓表》。邦直諱元，姓史氏，世為武陟人。某年遷河內①，乃占籍焉。遷管勾黃河漕運，未幾，河南破，右丞仲德行臺徐州，檄邦直守禦，注授彭城令。尋轉充觀察判官，危急存亡之際，多所建白，仲德甚倚重之。喪亂後，間關東歸。歲戊戌十二月二十有六日，春秋五十有七，以疾終於州之私第。邦直為人，軀幹雄偉，望之如羽人劍客，而處事詳雅，倉猝無失辭。事母孝，待故舊有終始。身歿之日，識者多嗟惜之。

《御史孫公墓表》。正大中，內帑被盜，所失皆慈聖宮珠貝，上怒甚。公時為監察御史，被詔按其事，而無迹可尋。法官讞疑，欲棄守者市，公執奏緩之，會赦得原。汴民李氏女有姿色，已許嫁矣。首相白撒之姪恃勢奪婚，且欲以為妾。夫家訴於官，官畏，狥不為理，遂訴於公。公為奏聞，詔還已許人②。八年，親享太廟，邲國夫人溫敦氏過廟門而不偃蓋。公劾奏，以為失臣妾禮。上不忍加姨母罪，勅有司杖御者百，仍罰俸以愧之。舊制，承天門非犒軍不登。一日，上無故登焉。公奏："人主不可示民不信。"上即日為公犒軍。庚寅、辛卯以來，雖軍出屢勝，而亡徵已具。危急存亡之際，大夫士以自保為幸，或高蹈遠引，脫屣世務；或酣歌縱酒，苟延歲月。公獨正色立朝，耿耿自信，言

① 內：本作"南"，據《元好問全集》卷二二、繆荃孫《金石例札記》改。
② 人：《元好問全集》卷二二《御史孫公墓表》無此字。

事數十條，藹然有承平之風。公諱德秀，字伯華，其先涇州長武人。大父皋，遭靖康之亂，流寓太原之文水，因家焉。

《曹徵君墓表》。歲丙午秋九月日，曹徵君子玉，以疾終於襄陰之寓舍，春秋七十有四。嗚呼哀哉！世豈復有敦龐耆艾之士如君者乎！君諱珏，姓曹氏，子玉其字也。君既老，自號囂囂老人，有《卷瀾集》三卷，藏於家。銘曰：仁信而篤誠，寬博而和平。以儒行概之，衆善具并。何負於人，而不能百齡？豈無百齡，孰愈君之名？城郭千年，貞石有銘。曰"是維子曹子之墓"，尚可以為鄉人之榮也。

《善人白公墓表》。公諱某，字全道，姓白氏。公資稟聰悟，而謹厚自持，畧通經史，精究曆算；中年耽嗜佛書，皆所成誦；為人敦信義，樂施與，一言所諾，千金不易。家人化之，皆以賢行稱焉。正大中，累贈中大夫、輕車都尉、南陽郡伯。兩夫人，南陽郡太君。維火山自太平興國中升爲軍，雖有學校，而肄業者無幾。宣和末，僅有上舍宋生。歷大定、明昌官學之盛，然後公之二子擢巍科、取美仕，邦人築亭，以"榮鄉"名之。屏山李君之純為作記，辭與事稱，相為不朽。故公雖躬不受祀，所以起其家與善化一鄉者，其利豈有既耶。

《南峯先生墓表》。先生諱豫，字彥先，姓呂氏，懷州修武人。祖道，父琰，皆力田為業。先生自成童知讀書，既冠，游學東州，以《易》為專門，經明行修，高出倫輩。醇德先生王廣道特器重焉。一時名士，如秀容折安上、濟陽王善長、安陽苗景藩、館陶段彥昌，冠氏孫希賢、田子發，從之學者甚衆。故家近太行五峯山，因以為號，示不忘本也。有《易說》若干卷①。

《施州房使君鄭夫人殯表》。夫人之先出於周，以鄭為氏因初侯。曾祖諱隨祖諱玠，厥考諱絳咸垂休。歸于房宗生九子，左右黍稷祠春

---

① 經核對《元好問全集》，自《御史張君墓表》至此，作者為元好問。

秋。道順德嚴顯且裕，宜壽而富今何謬。永貞冬至前四日，寓殯墦此非其丘。韓退之。

《故弘農令柳府君墳前石表》。少陵原柳氏之大墓，唐貞元十九年某月日，孤某奉其先府君洎夫人之喪，祔於其位。由新墓而南若干步，曰高祖王父蘭州府君諱某字某之墓。又東若干步，曰曾祖王父邠州府君諱某之墓。西若干步，曰祖某王父司議郎府君諱某之墓。咸異兆而相望。昭穆之有位序，壤樹之有豐殺，皆如律令。府君諱某字某，由父任為太廟齋郎，更許昌、陽武、伊闕、華原尉，王屋丞，汝陰令。為弘農二年，推其誠心，裕於其人。年五十五，建中二年某月日卒於官。以其素廉，家之蓄不足以充兇事，遂殯於是邑。柳子厚。

《先侍御史府君神道表》。嗚呼！先君之墓，仲父殿中君誌焉。孤宗元不敢稱道先德，然而無以昭於外者，用敢悉取仲父之所陳而繁其辭，刻茲石表。先君諱鎮，字某。六代祖諱慶，後魏侍中、平齊公。五代祖諱旦，周中書侍郎、濟陰公。高祖諱楷，隋刺齊、房、蘭、廓四州。曾伯祖諱奭，字子燕，唐中書令。曾祖諱子夏，徐州長史。祖諱從裕，滄州清池令。皇考諱察躬，湖州德清令。世德廉孝，屭於河滸，士之稱家風者歸焉。嗚呼！宗元不謹先君之教，以陷大禍，幸而緩於死。既不克成先君之寵贈，又無以寧太夫人之飲食，天踐薦酷，名在刑書。不得手開玄堂以奉安祔，罪惡益大，世無所容，尚顧嗣續，不敢即死，支綴氣息，以嚴邦刑。大懼祭祀之無主，以忝盛德。敢用特牲，昭告神道，號叫萬里，以畢其辭云①。

《臨海弋公阡表》。公諱潤，字天澤，姓弋氏，系出臨海。占籍汝州之梁縣者，不知其幾昭穆矣。大父整，生二子：長曰洪，次曰海。洪娶張氏，二子：曰祐，曰福；海娶酒氏，公，其所生子也。弋氏自先世

---

① 經核對《柳河東集》，此篇作者為柳宗元。

不異財，公早孤，能自樹立如成人，事從兄祐殊恭遜。祐嘗以事客內鄉者二十年，比還，公殖產倍於舊。祐歸，求分居，公謂祐言："家所有，皆父兄所積，潤但謹守，僅無損耗耳。兄幸歸，請悉主之，潤得供指使足矣。"祐悔悟曰："吾弟忠敬如此，我乃為讒口所間，慚恨無所及，尚欲言分異耶？"乃更相友愛。壬辰，河南破，公挈家避於西山。山柵破，公家亦被驅逐。一卒見公稠人中，請於主帥云："此吾鄉善士，其縱遣之！"帥遣公，舉家去。是夜，所俘悉阬之，里社為空，公家獨全。親舊歎曰："為善之報，見之今日矣！"明年春，鄉郡遊騎徧滿，公自度不能受辱，乃自投水中，得年若干，實某年月日也。元遺山。

墉記式

《韋夫人墉記》。韋夫人終成都，殯萬年，遷柩渭南，祔而不合，大葬未利以俟，禮也。其族系如某人之誌，堋用元和十四年月日，子某為石刻而納諸壙。柳子厚。

誄式

《衡州刺史東平呂君誄》。維唐元和六年八月日，衡州刺史東平呂君卒。爰用十月二十四日，藁葬於江陵之野。嗚呼！君有智勇孝仁，惟其能，可用康天下；惟其志，可用經百世。不克而死，世亦無由知焉。君由道州以陟為衡州，君之卒，二州之人哭者逾月。湖南人重社飲酒，是月上戊，不酒去樂，會哭於神所而歸。余居永州，在二州中間，其哀聲交於北南，舟船之下上，必呱呱然，蓋嘗聞於古而觀於今也。君所居官，為第三品，宜得謚於太常。余懼州吏之逸其辭也，私為之誄，以志其行。其辭曰：麟死魯郊，其靈不施。濯濯夫子，故潔其儀。冠仁服義，干櫓《書》《詩》。忠貞繼佩，智勇承綦。跨騰商、周，堯、舜是師。道不勝禍，天固予欺。鬼神不怒，妖孽咸疑。何付之德，而奪其時？嗚呼哀哉！命姓惟呂，勤唐以力。輔寧萬邦，受胙爾國。惟師元聖，周以降德。世征五侯，伊祖之則。嗣濟厥武，前書是式。至於化光，爰耀其特。《春秋》之元，儒者咸惑。君達其道，卓①焉孔直。聖人有心，由我而得。敷施變化，動無不克。推理惟公，舒文以翼。宣於事業，與古同極。道不苟用，資仕乃揚。進於禮司，奮藻含章。決科聯中，休問用張。署讐百氏，錯綜逾光。超都諫列，屢皂其囊。帝殊爾能，人服其智。戎悔厥禍，欻邊求侍。盛選邦良，難乎始使。君登御史，贊命承事。風動海壖，皇威以致。來總征賦，甲茲郎吏。制用經邦，時推重器。諸臣之復，《周官》匪易。漢課餞奏，鮮云能備。君自他曹，載出其技。筆削自任，羣儒革議。正郎司刑，邦憲為貳。糾佞肅邪，謟諛具畏。遷理於道，民服沐嘉。恩疎若昵，惕邇如退。實閉其閤，而撫千家。載其愉樂，申以舞歌。賦無吏迫，威不刑加。浩然順風，從令無譁。繇蠶外邑，我繭盈車。雜耕隣邦，我黍之華。既字其畜，亦藝其麻。鼛鼓斯屏，人喜其多。始富中教，興良廢邪。考績既成，王用興嗟。陟於嶽瀕，言進其律。號呼南竭，謳謠北溢。欺吏悍民，先聲如失。逋租匿役，歸誠自出。兼并既息，罷羸乃逸。惟昔舉善，盜奔於鄰。今我興仁，化為齊人。惟昔富人，或賑之粟。今我厚生，不竭而足。邦思其弼，人戴惟父。善胡召災？仁胡罹咎？俾民伊怙，而君不壽。矯矯貪淩，乃康乃茂。嗚呼哀哉！廩不餘食，藏無積帛。內厚族姻，外賙賓客。恒是懸罄，逮茲易簀。僅無凶服，葬非舊陌。嗚呼哀哉！君昔與余，講德討儒。時中之奧，希聖為徒。志存致君，笑詠唐虞。揭茲日月，以耀羣愚。疑生所怪，怒起特殊。齒舌嗷

---

① 卓：原作"車"，誤，據《柳河東集》卷九、繆全孫《金石例札記》改。

嗷，雷動風驅。良辰不偶，卒與禍俱。直道莫試，嘉言罔敷。佐王之器，窮以郡符。秩在三品，宜諡王都。諸生羣吏，尚擁長圖。故友咨懷，累行陳蕢。是旌是告，永永不渝。嗚呼哀哉！柳子厚。

《虞鳴鶴誄》。維某年月日，前進士虞九臯，字鳴鶴，終於長安親仁里。既克葬於高陽原，二三友生皆至於墓，哀其行之不昭於世，追列遺懿，求諸后土，申薦嘉名，實曰恭甫。乃作誄曰：吳、虞之分，爰宅上陽。其後優游，在越為鄉。延、謝輔漢，恢定封疆。東徙之賢，時惟仲翔。曰預曰喜，在晉克彰。義篤斯文，有苾其芳。秘書多能，垂耀於唐。洎於漢陽，世德以昌。毗贊尚父，休徽用揚。惟我先君，並時翺翔。洽主記室，蔚其輝光。實契伯仲，永永不忘。漢陽元子，實紹其美。傳襲儒風，彪炳文史。克恭以孝，惟禮是履。譽洽於鄉，論為秀士。百郡之選，叢於京師。昧沒騰籍，乘凌蔽欺。生之始至，則奮其儀。退默以謙，人悅而隨。名卿是挈，先進咸推。方出羣類，振耀於時。禍丁舅氏，漂淪海沂。捧訃號呼，匍匐增悲。喪有幼主，禮或多違。孰徇于名，而不是思？投袂就道，乘艱若夷。竭誠喪具，申敬裳帷。萬里來復，祗祔於墓。遽不凌節，儉而有度。由其溫恭，守以貞固。行道咨嗟，觀禮興慕。復從鄉賦，煥發其華。克不再舉，聞於邦家。倚閭千里，歡詠斯多。姻族盈門，載笑且歌。君之不淑，名立志沮。慶歸其鄉，身終逆旅。生死已間，壽觴方舉。賀書在途，委骨歸土。哀歡易地，弔慶交戶。神胡不仁？降此大苦。嗚呼哀哉！惟昔夏首，羈貫相親。通家修好，講道為鄰。既冠於胙，思致其身。升於司徒，及爾繼年。交歡二紀，莫間斯言。愉乎其和，確爾其堅。更為砥礪，咸去韋弦。今則遽已，吾其缺然。嗚呼哀哉！誄行謀諡，惟古之道。生而無位，歿有其號。惟是友生，徘徊顧悼。爰用壹惠，幽明是告。溫溫其恭，惟德之經。先民有作，今也是旌。嗚呼恭甫，欽此嘉名①。

---

① 經核對《柳河東集》，此篇作者為柳宗元。

行狀式

惟韓退之董公行狀如式開書，餘並疏始末於其下，文體之異，隨事詳酌焉①。

《故金紫光祿大夫、檢校尚書、左僕射、同中書門下平章事、兼汴州刺史、充宣武軍節度副大使、知節度事、管內度支營田、汴宋亳穎等州觀察處置等使、上柱國、隴西郡開國公、贈太傅董公行狀》。

曾祖仁琬，皇任梁州博士。

祖大禮，皇贈右散騎常侍。

父伯良，皇贈尚書左僕射。

公諱晉，字混成，河中虞鄉萬歲里人。階累升為金紫光祿大夫，勳累升為上柱國，爵累升為隴西郡開國公。娶南陽張氏夫人，後娶京兆韋氏夫人，皆先公終。四子：全道、溪、全素、澥。全道、全素，皆上所賜名。全道為秘書省著作郎，溪為秘書省秘書郎，全素為大理評事，澥為太常寺太祝，皆善士，有學行。謹具歷官行事狀，伏請牒考功，并牒太常議所諡，牒史館請垂編錄。謹狀。

貞元十五年五月十八日，故吏前汴宋亳穎等州觀察推官、將仕郎、試祕書省校書郎韓愈狀。

《唐故贈絳州刺史馬府君行狀》。君諱某，字某，其先為嬴姓。當周之衰，處晉為趙氏。晉亡而趙氏為諸侯，其後益大，與齊、楚、

---

① 此句原為題下注文，其意概括"行狀式"部分的編寫體例，今為改正文。

韓、魏、燕為六國，俱稱王。其別子趙奢，當趙時，破秦軍閼與有功，號馬服君，子孫由是以馬為氏。拜太僕少卿，疾病一年，貞元十八年七月二十五日，終於家，凡年四十有五。其弟少府監暢，上印綬，求追贈。贈絳州刺史，布帛百疋。夫人滎陽鄭氏，王屋縣令況之女，有賢行，侍君疾，逾年不下堂，食菜、飲水、藥物必自擇，將進輒先嘗；方書、《本草》，恒置左右。子男二人：赦，前左衛倉曹參軍；皷，右清道率府胄曹參軍。女子二人在室，雖皆幼，侍疾、居喪如成人。愈既世通家，詳聞其世系事業。今葬有期日，從少府請，掇其大者為行狀，託立言之君子，而圖其不朽焉①。

《故銀青光祿大夫、右散騎常侍、輕車都尉、宜城縣開國伯柳公行狀》。如韓退之式，但多開州縣鄉里姓名并年耳。曾祖善才，皇荊王侍讀。祖尚素，皇潤州曲阿縣令。父慶休，皇渤海郡縣丞，贈蔡州刺史、工部尚書②。

《汝州梁縣梁城鄉思義里柳渾年七十四狀》③。公字惟深，其先河東人。夫其子恭父慈，善行也；拊循制理，能政也；直廉潔靜，儉德也；拒疑獨斷，明識也；冒危以捍牧圉，大節也；犯顏以陳訏謨，至忠也。有一於此，尚宜旌褒，矧茲備體，焉可以已！固當飾以榮號，章示後來，而故吏遺孤，淪寓退壤，久稽彝典，罪在宗屬。敢用評隲舊行，敷贊遺風。若乃揚孔氏褒貶之文，舉周公懲勸之法，徵於誄諡，則有司存。謹狀④。

《故祕書少監陳公行狀》。五代祖某，陳宜都王。曾祖某，皇會

---

① 經核對《韓昌黎集》，此篇作者為韓愈。
② 經核對《柳河東集》，此篇作者為柳宗元。
③ 《汝州梁縣梁城鄉思義里柳渾年七十四狀》為《柳河東集》卷八中的篇名，《金石例》作注文，與全書體例不合，今改為正文。
④ 經核對《柳河東集》，此篇作者為柳宗元。

稽郡司馬。祖某，皇晉陵郡司功參軍。父某，皇右補闕翰林學士，贈祕書少監。某州某縣某鄉某里陳京年若干狀：公姓陳氏，自潁川來隸京兆萬年胄貴里，諱京，既冠，字曰慶復。舉進士，為太子正字、咸陽尉、太常博士、左補闕、尚書膳部考功員外郎、司封郎中、給事中、祕書少監。自考功以來，凡四命為集賢學士。德宗登遐，公病痼，輿曳就位，備哀敬之節，由是滋甚，遂以所居官致仕。貞元二十一年四月二十五日，終於安邑里。夫其忠烈之襃也，相府之有諴也，太廟之東向也，昭陵之不更其故也，官守之不可奪也，立言之不可誣也，利之不苟就也，害之不苟去也。其忠類朱雲，其孝類潁考叔，其廉類公儀休，而又文以文之，學以輔之，而天子以為之知。既得其道，又得其時，而不為公卿者，病也。故議者咸惜其始，而哀其終焉。公之喪，凡五十四日，而夫人又殁，毀也。夫人之父曰偕，司農卿。祖曰某，贈太子太保。某故集賢吏也，得公之遺事於其家，書而授公之友，以誌公之墓。謹狀。永貞元年八月五日，尚書禮部員外郎柳宗元狀。

《韓昌黎先生行狀》。李翱。

前式大抵相類，故止附見其目，當意推之，後倣此①：

《吏部侍郎沈公行狀》。杜牧之。

《御史大夫清河公崔公行狀》《國子祭酒韓泂行狀》。權載之。

《宣州觀察使王凝行狀》。司空表聖。

《尚書戶部侍郎蔡公行狀》。歐陽永叔。

《司封員外郎許公行狀》《歐陽文忠公行狀》。吳充。

《司馬溫公行狀》。蘇子瞻。

---

① 此句原為上段"李翱"之下的注文，據文意改正文。

論行狀語錄

《朱子語錄》云：韓文千變萬化，無心變。歐陽有心變，《杜祁公墓誌》一件未了，又説一件。韓《董晉行狀》尚稍長，權德興作《宰相神道碑》①只一板許，歐蘇便長了。

名號稱呼類

大行。李善《文選註》：《周書》曰：諡者行之跡，是以大行受大名，細行受細名。《風俗通》曰：皇帝新崩，未有定諡，故總其名曰大行皇帝。

《禮記》曰：天子死曰崩，諸侯曰薨，大夫曰卒，士曰不祿，庶人曰死。註：異死名者，為人褻其無知，若猶不同然也。自上顛壞，曰崩、薨，顛壞之聲。卒，終也。不祿，不終其祿。死之言澌也，精神澌盡也。

《禮記》曰：天王崩，"告喪曰天王登假。措之廟，立之主，曰帝"。假音遐，《莊子》：其死登假三年，而形遯。辨證：《楚辭·遠遊》云："載營魄而登霞兮，掩浮雲而上征。"朱氏註曰：霞與遐同，猶曰適遠云爾。《曲禮》告喪之辭，乃又借以為死之美稱。《莊子》作登假，蓋亦此例。但此篇註者遂解為赤黃之氣，《釋莊音》又讀假為格而訓至焉，則其誤愈遠矣。

《禮記》曰："壽考曰卒，短折曰不祿。"注：祿謂有德行，任

---

① 指董晉神道碑，當為《山西通志》卷一九二所載《同中書門下平章事贈太傅董公神道碑銘》。

為大夫士而不為者。老而死，從大夫之稱；少而死，從士之稱。

王父曰皇祖考，王母曰皇祖妣。父曰皇考，母曰皇妣。夫曰皇辟。生曰父、曰母、曰妻，死曰考、曰妣、曰嬪。

韓魏公《祭式》，元遺山記其大畧，姑錄之：古人書曾祖、皇祖、皇考，魏公易皇以顯字：顯曾祖，顯曾祖妣；顯祖，顯祖妣；顯考，顯妣。妻先亡曰顯嬪，妻祭夫曰顯辟，穆甫兄弟曰顯穆甫。

諸三品官以上職事，官身故者，若係親賢、勳舊，皆有司錄奏，取旨贈官。官職未至，而特旨追贈者，不拘此限。

諸謚，職事以上三品、散官二品以上，從吏部勘當善惡。仍下所屬，追取行狀。關移禮部，呈省聞奏。若有旨議謚，即下太常寺擬謚訖，申省議定奏聞。如有司不以時降行，亦許本家陳請。其官職未至而德行超異者，特旨議之人亦准此。

《古金石例》云：南京赤倉高太皇祖塋作昭穆葬。小兒子死，共葬一處，謂之學堂；小女共葬一處，謂之繡堂。別有乳母墳、師友墳。師友墳以葬門客等。

時忌字樣類

《古金石例》云："不敢稱"皇"字與"隧"字。"

書碑額例

真字八分書謂之題額，篆字則云篆額。今畧舉一二式附於後，並撰書、建立附。

《夫子廟堂記》。

駕部郎中程浩撰。

朝議郎判尚書武部員外郎瑯琊顏真卿書。

朝散大夫檢校尚書都官郎中東海徐浩篆額。

唐天寶十一載歲次壬辰四月乙丑朔二十二日丙戌建。在記後。

《重修蜀先主廟碑》。

儒林郎前鄭州防禦判官提舉學校常平倉事武騎尉賜緋魚袋王庭筠撰書篆。

《柳州羅池廟碑》。

尚書吏部侍郎賜紫金魚袋韓愈撰。

中書舍人史館修撰賜紫金魚袋沈傳師書。

朝議郎桂管觀察大使試太常寺協律郎上柱國陳曾篆額。此與建立俱在碑後。

長慶二年正月十一日桂管都防禦先鋒兵馬使朝散大夫試左衛長史孫季雄建立。

書碑陽例

蘇子瞻：《韓文公廟碑》小字本後云：軾再啟。題於後。

書碑陰例

《後周尉遲迥碑》在相下刻云：蔡有鄰書并陰。又《寶刻叢編》云：《漢劉熊碑》亦有碑陰。

僧碑

論僧碑宜書不宜書。柳子厚《大明和尚碑陰》："凡葬大浮圖，無竁穴，其用於碑不宜。然昔之公室，禮得用碑以葬。其後子孫，因宜不去，遂銘德行，用圖久於世。及秦刻山石，號其功德，亦謂之碑，而其用遂行，然則雖浮圖亦宜也。凡葬大浮圖，其徒廣，則能為碑。晉、宋尚法，故為碑者多法；梁尚禪，故碑多禪。法不周施，禪不大行，而律存焉，故近世碑多律。凡葬大浮圖，未嘗有比丘尼主碑事，今惟無染實來，涕泪以求，其志益堅，又能言其師他德尤備，故書之碑陰。"《宋景文筆記》論僧碑不宜書。

論碑文合書不合書

歐陽永叔《陳文惠公神道碑》。公諱堯佐，前娶曰杞國夫人宋氏，後娶曰沂國夫人王氏。子男十人：長曰述古。秦公三子：長曰堯叟，為樞密使，同中書門下平章事；季曰堯咨，為武信軍節度使，皆舉進士第一人及第。三子已貴，秦公尚無恙。每賓客至其家，公及伯季侍立左右，坐客躨蹐不安求去。秦公笑曰："此兒子輩耳！"故天下皆以秦公教子為法，而以陳氏世家為榮。公之孫四十人，曾孫二人。合伯季之後若子若孫若曾孫六十有八人，女若孫曾五十有四人，而仕於朝者，多以材稱於時。嗚呼！可謂盛矣。其文如此，皆所宜書者，故備列之云。

齊人曹元野云："濟南李昌道作《李千户先塋碑》，其間不書李千户之妻某氏，只寫子幾人，其妻怒。元野添上，說知昌道，公言：'不可書，為婦人未終，如何敢書婦人？'"此是前輩所傳如此。

書銘陰例

　　《唐相國房公德銘之陰》。房琯也，天子之三公稱公，王者之後稱公，諸侯之入為王卿士亦曰公。有土封，其臣稱之曰公。尊其道而師之，稱曰公。楚之僭，凡為縣者皆曰公。古之人通謂年之長者曰公。唐之大臣，以姓配公，最著者曰房公。房公相玄宗，有勞於蜀，人咸服其節；相肅宗，作訓於岐，人咸尊其道。惟正直慈愛，以成於德。用是進退，所居而事理辯，所去而人哀號。理袁人，袁人不勝其懷。為文士趙郡李華銘公之德，亂，故不克立。今刺史太原王涯，嘉公之道猶在乎人，人不忘公之道，為之刻石。王公嘗以機密匡天子於禁中，遵公之道，刺于我邦，承公之理，又能尊公之德，起遺文以昭前烈，則其入為卿士三公也，孰曰不宜？吾懼其去我也遽，願書於銘之陰，用永表於邦之良政。柳子厚。

金石例卷六

韓文公銘誌括例

自官業俊偉者敘起,而以世系妻子居後:
《朝散大夫贈司勳員外郎孔君墓誌銘》。二十六卷。
自急流勇退者敘起,次履歷家世,而以死葬居後:
《正議大夫尚書左丞孔公墓誌銘》。三十三卷。
自事實敘起,次履歷家世子女,而以葬年月居後:
《考功員外郎盧君墓銘》。二十四卷。
先敘姓字①三代,次履歷,而以妻子居後:
《崔評事墓銘》。三十四卷。《清邊郡王楊燕奇碑文》。二十四卷。《河南少尹裴君墓誌銘》。二十四卷。《國子助教薛君墓誌銘》。二十四卷。《江西觀察使韋公墓誌銘》。二十五卷。《國子司業竇公墓誌銘》。三十三卷。《太原府參軍苗君墓誌銘》。三十五卷。《清河郡公房公墓誌銘》。二十七卷。《銀青光祿大夫贈工部尚書太原

---

① 字:繆全孫《金石例札記》作"氏"。

王公神道碑》。二十七卷。《殿中侍御史李君墓誌銘》。二十八卷。《朝散大夫商州刺史除名徙封州董府君墓誌》。二十九卷。《秘書少監贈絳州刺史獨孤府君墓誌銘》。二十九卷。《檢校尚書左僕射統軍劉君墓誌銘》。二十九卷。《監察御史衛府君墓銘》。三十卷。《河南令張君墓誌銘》。三十卷。《鳳翔隴州節度使李公墓誌銘》。三十卷。《江南觀察使中大夫洪州刺史中丞贈常侍太原王公神道碑銘》。三十一卷。《司徒侍中中書令贈太尉許國韓公神道碑銘》。三十三卷。

先敘家世：

《興元少尹房君墓誌銘》。二十五卷。《集賢校理石君墓誌銘》。二十五卷。《河南府王屋縣尉畢君墓誌銘》。二十五卷。《中散大夫河南尹杜君墓誌銘》。二十六卷。《銀青光祿大夫襄陽郡王平陽路公神道碑銘》。二十六卷。《故相權公墓銘》。三十卷。《柳子厚墓誌銘》。三十二卷。《昭武校尉守左金吾衛將軍李公墓誌銘》。三十二卷。《朝散大夫尚書庫部郎中鄭君墓誌銘》。三十二卷。《朝散大夫越州刺史薛公墓誌銘》。三十二卷。《中大夫陝府左司馬李公墓誌銘》。三十四卷。《虢州司戶韓府君墓誌銘》。三十五卷。《韓滂墓誌銘》。三十五卷。

不書家世而書履歷：

《李元賓墓銘》。二十四卷。

不書家世履歷而言丹砂之害：

《太學博士李君墓誌銘》。三十四卷。

先敘死年月起：

《施先生墓銘》。二十四卷。《登封縣尉盧殷墓誌銘》二十五卷。

先叙死者葬地：

《河東觀察鄭公神道碑文》。二十六卷。

先叙姓名履歷而以三代妻子居後：

《試大理評事王君墓誌銘》。二十八卷。《江南觀察贈常侍太原王公墓誌銘》。三十三卷。《幽州節度判官贈給事中張君徹墓誌銘》。三十四卷。

無履歷可叙者：

《處士盧君墓誌銘》。三十四卷。《韓滂墓誌》。三十五卷。《考功員外郎盧君墓銘》。二十四卷。

僅有初筮可書者：

《李元賓墓銘》。二十四卷。《登封縣尉盧殷墓誌銘》。三十五卷。《河南王屋縣尉畢君墓誌銘》。二十五卷。《虢州司戶韓府君墓誌銘》。二十五卷。

叙文辭之盛者：

《施先生墓銘》。二十四卷。《貞曜先生孟郊墓誌銘》。二十九卷。《南陽樊紹述宗師墓誌銘》。三十四卷。

自賜廟叙起：

《烏氏廟碑銘》。二十六卷。《魏博節度觀察使沂國田公先廟碑銘》。二十六卷。

自乞銘叙起：

《河南少尹李公墓誌銘》。二十五卷。《袁氏先廟碑》。二十七卷。《貞曜先生孟郊墓誌》。二十九卷。《庫部員外郎張府君墓誌銘》。二十九卷。《中散大夫少府監胡良公墓神道碑》。三十卷。

有誌無銘：

《登封縣尉盧殷墓誌銘》。二十五卷。《襄陽盧丞墓誌銘》。三十五卷。《河中府法曹張君墓碣銘》。二十五卷。《殿中少監馬君墓誌》。三十三卷。《貝州司法參軍李君墓誌銘》。三十四卷。《太學博士李君墓誌》。三十四卷。

述其妻子之辭朱子謂別是一體，此文之變：

《襄陽盧丞墓誌》。二十五卷。《河中府法曹張君墓碣銘》。二十五卷。《虞部員外郎張府君墓誌》。二十九卷。《殿中少監馬君墓誌》。三十三卷。《貝州司法參軍李君墓誌》。三十四卷。

法揚子雲造語：洪氏云：朱子謂用字奇古。

《曹成王碑》。二十八卷。

王臨川以為銘之奇者：

《試大理評事王君適墓誌》。二十八卷。《故幽州節度判官贈給事中清河張君墓誌》。三十四卷。

樓迂齋所取者：

《殿中少監馬君墓誌》。三十三卷。《唐故河中府法曹張君墓誌》。二十五卷。

賜廟碑體：

《烏氏廟碑銘》。二十六卷。《魏博節度觀察使沂國田公先廟碑銘》。二十六卷。《袁氏先廟碑》。二十七卷。

郡王碑體：

《清邊郡王楊燕奇碑》。二十四卷。《曹成王碑》。二十八卷。《銀青光祿大夫襄陽郡王平陽路公碑》。二十六卷。

公相銘誌體：

《檢校尚書左僕射統軍劉公墓誌銘》。二十九卷。《故相權公墓銘》。三十卷。《清河郡公房公墓碣銘》。二十九卷。《司徒兼侍中中書令贈太尉許國韓公神道碑銘》。三十二卷。《銀青光祿大夫贈工部尚書太原郡公王公神道碑》。二十七卷。

節度觀察刺史誌、銘、碣：

《河東節度觀察使滎陽鄭公神道碑》。二十六卷。《鳳翔隴州節度使李公墓誌銘》。三十卷。《魏博節度觀察使沂國田公先廟碑》。二十六卷。《江南西道觀察使贈左散騎常侍太原王公神道碑》。三十一卷。《又誌銘》。三十三卷。《朝散大夫商州刺史除名董府君墓誌》。二十九卷。《秘書少監贈絳州刺史獨孤府君墓誌銘》。二十九卷。《朝散大夫越州刺史薛公墓誌銘》。三十二卷。

御史、卿、監、郎官墓誌博士附：

《殿中侍御史李君墓誌》。二十八卷。《監察御史衛府君墓銘》。三十卷。《正議大夫尚書左丞孔公戣墓誌》。三十三卷。《國子司業竇公牟墓誌》。三十三卷。《中散大夫少府監胡良公墓神道碑》。三十卷。《殿中少監馬君墓誌》。三十三卷。《考功員外盧君墓銘》。三十四卷。《朝散大夫贈司勳員外郎孔君墓誌》。二十六卷。《虞部員外郎張府君墓誌》。二十九卷。《朝散大夫尚書庫部郎中鄭君墓誌》。三十二卷。《太學博士李君干墓誌》。三十四卷。《崔評事墓誌》。二十四卷。《大理評事王君墓誌》。二十八卷。《集賢院校理石君墓誌》。三十五卷。《國子助教河東薛君墓誌》。二十四卷。

州縣官誌、銘：

《中散大夫陝府左司馬李公墓誌》。三十四卷。《中散大夫河南尹杜君墓誌》。二十六卷。《柳子厚墓誌》。三十二卷。《河南少尹裴君墓誌》。二十四卷。《河南少尹李公墓誌》。三十五卷。《興元少尹房君墓誌》。二十五卷。《幽州節度判官贈給事中清河張君徹墓誌》。三十四卷。《太原府參軍苗君墓誌》。二十五卷。《貝州司法參軍李君墓誌》。三十四卷。《虢州司戶韓府君墓誌》。三十五卷。

《貞曜先生墓誌》。二十九卷。《河南令張君墓誌》。三十卷。《襄陽盧丞墓誌》。二十五卷。

處士誌、銘：

《處士盧君墓誌》。三十四卷。

幼殤誌、銘：

《盧渾墓誌》。三十五卷。《韓滂墓誌》。三十五卷。

金石例卷七

韓文公銘誌括例

宗族媥黨稱呼例

書上代例：

其十一世祖，《殿中侍御史李君誌》。其上祖，《朝散大夫越州刺史薛公誌》。七世祖，《柳子厚誌》。六代祖，《國子司業竇公誌》。五世祖，《江西觀察韋公誌》。四世祖，《朝散大夫越州刺史薛公誌》。

書曾祖例：

曾大父。《崔評事誌》、《裴少尹誌》、劉統軍等誌。

曾祖。《少尹房公誌》、《尚書左丞孔公誌》。

大王父。《清河郡房公誌》。

書曾伯叔祖例：

曾伯祖。《柳子厚誌》。

書祖例：

大父;《崔評事誌》、《裴少尹誌》、劉統軍等誌。祖;《房少尹誌》《孔左丞誌》。王父。《清河郡公誌》。

書父例:

父;《崔評事誌》《裴少尹誌》《劉統軍誌》。皇考;《正議大夫孔左丞誌》。烈考。《清邊郡王楊燕奇碑》。

書母例:

父娶河南獨孤氏女。生二子,君其季也。《朝散大夫庫部鄭君誌》。

公之父娶鄉邑劉氏女。生公,是為齊國太夫人。《司徒韓侍中碑》。

父娶裴氏女。《貞曜先生誌》。

父娶陳留太守薛江童女。《殿中侍御史李君誌》。

母曰太原縣君。《虞部員外張府君誌》。

母夫人燉煌張氏。《河南少尹李公誌》。

公先妣渤海李氏。《贈渤海郡太君觀察太原王公誌》。

書伯叔例:

世父。伯父也。《四門博士周況妻韓氏誌》。註:《儀禮·喪服篇》有"族曾祖父"者,曾祖之兄弟也,其子為"族祖父",其孫為"族父",其曾孫為"族兄弟"。有"從祖祖父"者,祖父之兄弟也,其子為"從祖父",其孫為"從祖兄弟"。有"世父叔父"者,父之兄弟也,其子為"從父兄弟",今韓公於開封及虢州,皆為從父弟矣。於開封之女,則公當為從祖父也。叔父。告於叔父。《襄陽郡王路公碑》。

書伯叔母例:

世母。伯母也。

書兄弟姊妹例:

母兄。君母兄殁某官。《孔員外誌》。公之母兄太常博士。《河南少尹杜君誌》。母兄戡某官。《除名人董府君誌》。

歸宗之妹。育幼弟與歸宗之妹。《處士盧君誌》。

族弟。因其族弟以來請銘。《襄陽郡王路公碑》。

書姊妹夫例：

姊壻。《銀青光祿王公誌》。妹壻。愈於處士妹壻也。《盧處士誌》。

書妻例：

妻彭城人。《河中府法曹張公誌》。公之配。彭城劉氏夫人。《少尹李公誌》。夫人。《秘書少監獨孤府君誌》。公娶清河崔氏女。《故相權公誌》。公娶其舅女。《觀察太原王公誌》。

書子男例：

能子。是真能子矣。《襄陽盧丞誌》。爲後子。仁本爲後子獨存。《觀察鄭公誌》。

書女壻例：

長女壻、次女壻。《觀察太原王公誌》。季女壻。其季女壻韓愈爲之誌。《盧府君夫人苗氏誌》。

書舅姑例：

姑氏。母抱之，置之姑氏以去。《中大夫陝府司馬李公誌》。尊章。協於尊章。《扶風郡夫人誌》。

書外家例：

外高王父、外王父。自外高王父至外王父。《銀青光祿大夫王公誌》。

舅氏。少依舅氏，讀書習騎射。《司徒韓侍中誌》。

夫人之兄。生公，是為齊國太夫人。夫人之兄曰司徒。同上。

舅弟。葬子厚於萬年之墓者，舅弟盧遵。《柳子厚墓誌銘》①。

職名例

有出身必書例：

大父含液舉進士第，官卒河南法曹。《參軍苗君誌》。

父倚，舉進士，天寶之亂，隱居而終。《崔評事誌》。

皇考諱郇，以儒學進，官至侍御史。《河南令張君誌》。

父宰臣，用進士，卒官平陽冀氏令，贈潭州大都督。《中散大夫少府監胡公神道碑》。

初，干以進士爲鄂州從事。《太學博士李君干誌》。

道古，進士，司門郎，刺利、隨、唐、睦，徵爲少宗正，兼御史中丞，以節度督黔中。朝京師，改命觀察鄂、岳、蘄、沔、安、黃。《曹成王碑》。

公一兄三弟，常、羣、庠、鞏。常，進士，水部員外郎，朗、夔、江撫四州刺史；羣，以處士徵，自吏部郎中拜御史中丞，出帥黔、容以卒；庠，三佐大府，自奉先令爲登州刺史；鞏，亦進士，以御史佐淄、青府，皆有材名。《國子司業竇公誌》。

有子曰實，明經及第，嗣其家業。《江西觀察韋公誌》。

有子男七人：初、哲、貞、宏、泰、復、洄。初，進士及第；哲，文學俱善。其餘幼也。《觀察贈常侍太原王公誌》。

內職必書例：

公曾祖諱玄靜，尚書膳部郎中，歷資、簡、涇、隰四州刺史。

---

① 原文失題，據《韓昌黎集》卷三二補。

《興元少尹房公誌》。

大父某，爲刑部侍郎，出刺徐、相州。《崔評事誌》。

大父曠，御史中丞、京畿採訪使。《河南少尹裴君誌》。

大父利貞，有名玄宗世。爲御史中丞，舉彈無所避，由是出爲陳留守，領河南道採訪處置使。《河南令張君誌》。

書除授例：

某年，拜越州刺史。注或作"元和十二年正月二十二日"。方氏云：前已云"元和四年"，此不當復出年號，他銘亦無書除授日月者。《刺史薛公誌》。

家世例

書三代例：

曾大父知道，仕至大理司直。大父玄同，爲刑部侍郎，出刺徐、相州。父倚，舉進士。《崔評事誌》。

曾大父元簡，大理正。大父曠，御史中丞、京畿採訪使。父虬，以有氣畧，敢諫諍，爲諫議大夫，引正大疑，有寵代宗朝，屢辭官不肯拜，卒贈工部尚書。《河南少尹裴君誌》。

公曾祖諱玄靜，尚書膳部郎中，歷資、簡、涇、隰四州刺史，太尉之叔父也。祖諱肱，爲虢州司馬。父諱巒，都水使者，皆名，能守家法。《房少尹誌》。

後七世至行褒，官至易州刺史，於君爲曾祖。易州生婺州金華令，諱懷一，卒葬洛陽北山。金華生君之考，諱平，爲太子家令，葬金華墓東，而尚書水部郎劉復爲之銘。《集賢院校理石君誌》。

其大王父融，王父琯，仍父子為宰相。融相天后，事遠不大傳。琯相玄宗、肅宗，處艱難中，與道進退。薨，贈太尉，流聲於茲。父乘，仕至秘書少監，贈太子詹事。《清河郡公房公誌》。

曾大父諱承慶，朔州刺史。大父巨敖，好讀老子、莊周書，為太原晉陽令。再世宦北方，樂其土俗，遂著籍太原之陽曲，曰："自我為此邑人可也，何必彭城？"父訟，贈右散騎常侍。《劉統軍誌》。

不書三代例：

《登封縣尉盧殷誌》。並不書三代。

《太學博士李君干誌》。並不書三代。

歷書世系例：

公諱邢，字某，雍王繪之後。王孫道明，唐初以屬封淮陽王，又追王其祖、父，曰雍王、長平王。淮陽生景融，景融親益疎，不王；生務該，務該生思一，思一生岌。比四世，官不過縣令州佐，然益讀書為行，為士大夫家。岌為蜀州晉原尉，生公，未晬以卒。《陝府左司馬李公誌》。

書三代及其兄例：

曾祖曰希莊，撫州刺史，贈大理卿①。祖曰元暉，果州流溪縣丞，贈左散騎常侍。父曰播，尚書禮部侍郎。侍郎命君後兄據，據為尚書水部郎中，贈給事中。《國子助教河東薛君誌》。

書三代不名而及其女兄與甥例②：以外戚故書。

莊憲皇太后之弟，今天子之舅，太師之子，太尉之孫，司徒

---

① 卿：原作鄉，誤，據光緒四年讀有用書三刊王芑孫評《金石三例》本、《韓昌黎集》卷二四改。

② 例：原文闕，據上下文體例補。

之曾孫。《銀青光祿大夫太原王公神道碑》。

不書曾祖而書六代祖，及祖及父例：

六代祖敬遠，嘗封西河公。大父同昌司馬，比四代仍襲爵名。同昌諱胤，生皇考諱叔向，官至左拾遺，溧水令，贈工部尚書。於大曆初名，能為詩文。《國子司業竇公誌》。

不書曾祖而書祖、書父例：

祖曰旭，袁州宜春尉。父曰婼，豪州定遠丞。《施先生誌》。

祖子興，濮州濮陽令。父同，舒州望江令。《考功員外盧君誌》。

大父知古，祁州司倉。烈考文誨，天寶中實為平盧衙前兵馬使，位至特進檢校太子賓客，封弘農郡開國伯，世掌諸蕃互市，恩信著明，夷人慕之。《清邊郡王楊燕奇碑》。

祖某，某官，贈某官。父某，某官，贈某官。《朝散大夫贈司勳員外郎孔君誌》。

大父利貞，有名玄宗世。為御史中丞，舉彈無所避，由是出為陳留守，領河南道採訪處置使，數歲卒官。皇考諱郇，以儒學進，官至侍御史。《河南令張君誌》。

大父諱秀，武后時，以文材徵為麟臺正字。父宰臣，用進士，卒官平陽冀氏令，贈潭州大都督。《中散大夫少府監胡良公神道碑》。

不書曾祖、祖而書六世祖及父例：

六世祖孝寬，仕周有功，以公開號於鄖，鄖公之子孫，世為大官。惟公之父政，卒雒縣丞，贈虢州刺史。《江西觀察使韋公誌》。

不書曾祖、祖而書七世祖，及曾伯祖及父例：

七世祖慶，為拓跋魏侍中，封濟陰公。曾伯祖奭，為唐宰相，與褚遂良、韓瑗俱得罪武后，死高宗朝。皇考諱鎮，以事母，棄太常博士，求為縣令江南。其後以不能媚權貴，失御史。權貴人死，乃復拜侍御史，號為剛直，所與游皆當世名人。《柳子厚誌》。

不書曾祖、祖而止書其父例：

公諱道古，字某，曹成王子。其先王明，以大宗子王曹，絕輒復封，五世而至成王。成王諱皋，有功建中、貞元間，以多才能，能行賞誅為名。至今追數當時內外文武大臣，成王必在其間。《昭武校尉守左金吾衛將軍李公誌》。

常州刺史贈禮部侍郎憲公諱及之第二子。憲公躬孝踐行，篤實而辨於文，勸飭指誨，以進後生，名聲垂延，紹德惟克。《秘書少監贈絳州刺史獨孤府君誌》。

處士諱於陵，其先范陽人，父貽為河南法曹參軍。《處士盧君誌》。

不特書父而書大王父、王父伯例：

大王父玄暕，歷御史，屬三院，止尚書郎。生景肅，守三郡，終傅涼王。生政，襄、鄧等州防禦使，鄂州採訪使，贈吏部尚書。公，尚書之弟某子。《江南西道觀察使太原王公神道碑》。

書上世幷書其母例：

其上祖懿，為晉安西將軍，實始居河東。公之四世祖嗣，汾陰公，諱德儒，為隋襄城郡書佐以卒。襄城有子二人皆貴，其後皆蕃以大，而其季尤盛，官至邠州刺史。邠州諱寶胤，有子九人，皆有名位，其最季諱縑，為河南令以卒。河南有子四人，其長諱同，卒官湖州長史，贈刑部尚書。尚書娶吳郡陸景融女，有子五人，皆有名蹟，其達者四人。公于倫次為中子。《朝散大夫越州刺史薛公誌》。

書二母例：

初，司徒公娶河南元氏，封潁川郡夫人，贈許國夫人。許國薨，少府始孩，顧託以其姪為繼室，是為陳國夫人。陳國無子，愛君與少府如己生。其薨也，君與少府喪之猶實生己，親負土封其墓。《贈絳州刺史馬府君行狀》。

書三代并書其母例：

曾祖匡時，晉州霍邑令。祖千尋，彭州九隴丞。父廸，鄂州唐年令，娶河南獨孤氏女，生二子，君其季也。《朝散大夫尚書庫部郎中鄭君誌》。

其上世有曷者，當宇文時，為車騎大將軍、鄜城太守，卒葬河北，謚曰忠公，至孝權，間五世矣。孝權大父諱孝先，太子通事舍人。父諱庭光，贈綏州刺史。綏州之卒，孝權蓋尚小。母曰太原縣君，卒，既葬，孝權守墓，樹松栢，三年而後歸。《虞部員外郎張府君誌》。

書三代并書其母、其舅例：

曾祖宏泰，簡州刺史。祖乾秀，伊闕令。父燮，宣州長史，贈絳州刺史。母夫人燉煌張氏，其舅參有大名。《河南少尹李公誌》。

書父并其母舅不及上二代例：

公之父曰海，為人魁偉沉塞，以武勇游仕許、汴之間，寡言自可，不與人交，衆推以為鉅人長者。官至游擊將軍，贈太師，娶鄉邑劉氏女，生公，是為齊國太夫人。夫人之兄，曰司徒玄佐，有功建中、貞元之間，為宣武軍帥，有汴、宋、亳、潁四州之地，兵士十萬人。《許國公韓宏神道碑》。

書十一世祖及父、及母例：不及曾祖，祖至書葬方見：

其十一世祖沖，貴顯拓跋世。父惲，河南溫縣尉，娶陳留太守薛江童女。《殿中侍御史李君誌》。

書父及母、及兄弟而不及上世例：

父庭玢，娶裴氏女，而選為崑山尉，生先生及二季鄧、郢而卒。《貞曜先生誌》。

書婦女家世例

書三代例：

夫人曾祖某，綏州刺史。祖某，潞州別駕。父某，晉州錄事參軍。《息國夫人誌》。

曾大父襲夔，贈禮部尚書。大父殆庶，贈太子太師。父如蘭，仕至太子司議郎，汝州司馬。《河南府法曹盧府君夫人苗氏誌》。

書祖、書父及其舅、其夫例：

夫人姓盧氏，范陽人，亳州城父丞序之孫，吉州刺史徹之女。嫁扶風馬氏，為司徒侍中莊武公之冢婦，少府監西平郡王贈工部尚書之夫人。《扶風郡夫人誌》。

書父及其夫、其子例：

楚國夫人姓翟氏，故檢校御史大夫、宋州刺史良佐之女，今司徒兼中書令許國公之妻，前鄜坊節度使、散騎常侍兼御史大夫公武之母。《楚國夫人誌》。

書兄弟例

書兄及弟例：

公之昆弟五人，載、㦤、㦲、戩，公於次為第二。《正議大夫尚書左丞孔公戣誌》。

書妻例

書妻及曾祖、祖，不書妻之父例：
公之配曰彭城劉氏夫人，夫人先卒，其葬以夫人祔。夫人曾祖曰子玄，祖曰餗，皆有大名。《河南少尹李公誌》。

書妻及妻之祖父，不書妻曾祖例：
妻彭城人，世有衣冠。祖好順，泗州刺史。父泳，卒蘄州別駕。《河中府法曹張君誌》。
夫人天水權氏，贈太子太保、貞孝公皐之承孫，故相今太常德輿之女。胤慶配良，是似是宜。《秘書少監贈絳州刺史獨孤府君誌》。

書妻及妻之父，不及其曾祖、祖例：
夫人博陵崔氏，少府監頲之女。《河南少尹裴君誌》。
夫人常山郡君張氏，彭州刺史贈禮部侍郎薿之女，生子男三人。《中散大夫河南尹杜君誌》。
妻范陽盧氏，鄭滑節度使兼御史大夫羣之女。與君合德，親戚無退一言。《殿中侍御史李君誌》。

書妻及妻之父，及曾伯父例：
夫人博陵崔氏，朝邑令友之之女，其曾伯父玄暐，有功中宗時。夫人高明，遇子婦有節法，進見、侍側肅如也。《中大夫陝府左司馬李公誌》。

書妻及妻叔祖，不書其祖父例：

娶彭城劉氏女，故相國晏之兄孫。生男二人。《集賢院校理石君誌》。

不書妻祖父例：

妻，鄭氏也。《崔評事誌》。

夫人河南胡氏，號太原郡夫人。《工部尚書太原郡公神道碑》。

君娶河東柳氏女。《河南令張君誌》。

公娶其舅女，有子七人。《觀察使贈常侍太原王公誌》。

娶滎陽鄭氏女，生男六人。《興原少尹房公誌》。

妻曰太原王氏，先先生卒。《施先生誌》。

夫人李姓，隴西人。君在，配君子無違德；君殁，訓子女得母道。甚後君二十年，年六十六而終。《考功員外盧君誌》。

因葬書妻例：

其妻清河張氏，以其年十二月丙寅，葬君於洛陽平陰之原。《太原府參軍苗君誌》。

因祔葬書妻例：

夫人滎陽鄭氏祔。《銀青光祿大夫平陽路公碑》。

奉先夫人天水趙氏祔。《中散大夫少府監胡公神道碑》。

楚國夫人翟氏祔。《許國公韓宏神道碑》。

書再娶例：

夫人隴西郡夫人李氏，清夷郡太守祐之孫、漁陽郡長史獻之女，柔嘉淑明，先公而殂。有男四人，女三人；後夫人河南郡夫人雍氏，某官之孫，某官之女。有男一人，女二人，咸有至性純行。《清邊郡王楊燕奇碑》。

書三娶例：

公三娶，元配韋氏諱修，修生子紘，紘為進士學；女貢，嫁崔氏。夫人隋雍州牧鄖公叔裕五世孫，父士佺，蓬山令。次配崔氏諱菞，生綽、紹、綰；女會，嫁鄭氏季毘。夫人父昭，嘗為京兆尹。今夫人韋氏，無子。父光憲，光祿卿。其葬用古今禮，以元配韋氏夫人祔而葬，次配崔氏夫人於其域，異墓。《昭武校尉守左金吾衛將軍李公誌》。

書婦德例：

胤慶配良，是似是宜。《秘書少監贈絳州刺史獨孤府君誌》。

賢有法度。《鳳翔隴州節度使李公誌》。

孝順祗修，羣女效其所為。《幽州節度判官贈給事中清河張君誌》。

與君合德，親戚無退一言。《殿中侍御史李君誌》。

有賢行，侍君疾，逾年不下堂，食菜、飲水、藥物必自擇，將進，輒先嘗；方書、《本草》，恒置左右。《贈絳州刺史馬府君行狀》。

書子女例

書子女不名例：

有男八人，女二人。《殿中少監馬君誌》。

有子二人，女二人。《崔評事誌》。

有子六人，女子一人。《銀青光祿大夫太原郡王公神道碑》。

凡產四男五女，男生輒即死。《國子助教河東薛君誌》。

生男輒死，卒無子。女一人，學浮屠法，不嫁，為比丘尼云。《登封縣尉盧殷誌》。

子書名女不書名例：

男三人：長曰初，協律①；次曰彪；其幼曰還，適三歲。女子九人。《殿中侍御史李君誌》。

男三人：暢、申、易；女三人，皆嫁為士人妻。《考功員外盧君誌》。

生男二人：八歲曰壬，四歲曰申。女子二人。《集賢院校理石君誌》。

子女並書名例：

有男十歲曰義，女九歲曰孟。《處士盧君誌》。

書子女及壻例：

生男六人：其長曰次卿，次卿有大才，不能俯仰順時，年四十餘，尚守京兆興平尉。然其友皆曰："房氏有子也。"次曰次公、次膺、次回、次衡、次元，始學而未仕。女三人，皆嫁為士人妻。《興元少尹房君誌》。

書壻姓名例：

生三子：一男二女。男三歲夭死。長女嫁亳州永城尉姚侹，其季始十歲。《大理評事王君誌》。

生六子：四男二女。長曰全正，惠而早死；次曰居中，好學，善為詩，張籍稱之；次曰從直，曰居敬，尚小。長女嫁吳郡陸暢。《除名人董府君誌》。

有四子：長曰溫質，四門博士；遵孺、遵憲、溫裕，皆明經。女子長嫁中書舍人平陽路隋，其季者幼。《正議大夫尚書左丞孔公誌》。

書子女及外孫例：

---

① 當為"協律郎"的簡稱。

七男三女：邠，為澄城主簿；其嫡激，鄜城令；放，芮城尉；漢，監察御史；漣、洸、潘，皆進士。及公之存，内外孫十有五人。《中大夫陝府左司馬李公誌》。

書異母子女例：

始娶范陽盧氏女，生仁本、仁約、仁載，皆有文行。二季舉進士，皆早死；仁本為後子，獨存。後娶趙郡李氏，生三女。二夫人凡三男五女。《河東節度鄭公神道碑》。

初娶吏部侍郎京兆韋肇女，生二女一男。長女嫁京兆韋詞，次嫁蘭陵蕭儧。後娶河南少尹趙郡李則女，生一女二男。其餘男二人，女四人，皆幼。嗣子退思，韋氏生也。《朝散大夫尚書庫部郎中鄭君誌》。

公有四子：長曰元孫，三原尉；次曰元質，彭之濛陽尉；曰元立，興平尉；曰元本，河南參軍。皆愿敏好善，元立、元本皆崔氏出。《鳳翔隴州節度使李公誌》。

書子而無女例：

子曰友直，明州鄮縣主簿；曰友諒，太廟齋郎。《施先生誌》。

其子越，能輯父事無失，謹謹致孝。《清河郡公房公墓碣》。

長子殿中丞繼祖，孝友以類。《扶風郡夫人誌》。

既葬，其子監察御史璩，纍然服喪來，有請。《故相權公誌》。

書子女年歲例：

男三人：璟、質，皆既冠，其季始六歲，曰充郎。《河南少尹裴君誌》。

男子二人：長曰某，早死；次曰天官，始十歲，有至性，聞呼父官與聞弔客至，輒號泣以絶。女子一人。《秘書少監贈絳州刺史獨孤府君誌》。

書女出家例：

女一人，學浮屠法，不嫁，爲比丘尼云。《登封縣尉盧殷誌》。

女子三人：其長學浮屠法，爲比丘尼；其季二人未嫁。《河南府王屋縣尉畢君誌》。

書子女生於死後例：

男三人，執規、執矩、必復，其季生君卒之三月。《太原府參軍苗君誌》。

子厚有子男二人：長曰周六，始四歲；季曰周七，子厚卒乃生。女子二人皆幼。《柳子厚誌》。

書過房子例：

父曰播，尚書禮部侍郎，侍郎命君後兄據。自給事至君，後再絕，皆有名。遺言曰："以公儀之子己巳後我。"《國子助教河東薛君誌》。

子男二人：長曰肅元，某官；次曰公武，某官。肅元早死。公之將薨，公武暴病先卒，公哀傷之，月餘遂薨。無子，以公武子、孫紹宗爲主後。《許國公韓宏神道碑》。

書子文學材質例：

戡強以肅，成敏以和。《息國夫人誌》。

好善學文，能謹謹致孝，述父之志，曲而不黷。《國子司業竇公誌》。

雖皆幼，侍疾、居喪如成人。《贈絳州刺史馬君行狀》。

書無子例：

唐元和九年歲在甲午八月己亥，貞曜先生孟氏卒，無子。《貞曜先生誌》。

金石例卷八

書死例

書死於官，著年月日例：

貞元十八年十月十一日，太學博士施先生士丐卒。其僚太原郭伉，買石誌其墓，昌黎韓愈為之辭。《施先生誌》。

疾病，改河南少尹，輿至官若干日卒，實元和三年四月二十三日，享年五十。《河南少尹裴君誌》。

元和七年二月一日，河南少尹李公卒，年五十八。《河南少尹李公誌》。

年六十一，以元和六年二月二日卒於官。《河南府王屋縣尉畢君誌》。

書死於官，不書年月日例：

年若干而終，在官舉其職。《考功員外盧君誌》。

年七十三，以其官終。《興元少尹房公誌》。

以疾卒官，年五十九。《清河郡公房公誌》。

公在相位三年，其後以吏部尚書授節鎮山南，年六十以薨，贈尚書左僕射，諡文公。《故相權公誌》。

書死於家，著年月日例：

使者未復命。以十五年正月五日寢疾，終於家，年五十有六矣。《崔評事誌》。

十四年，年六十一，五月某日終於家。《清邊郡王楊燕奇碑文》。

明年，長慶四年正月己未，公年七十四，告薨於家，贈兵部尚書。《正議大夫尚書左丞孔公誌》。

書死於中道、外州，著年月日例：

元和四年秋，有事適東方。既還，八月壬辰，死于汴城西雙丘，年四十有七。《河中府法曹張君墓碣》。

元和五年正月，將浴臨汝之湯泉。壬子，至其縣食，遂卒，年五十七。《朝散大夫孔君誌》。

行及揚州，遇疾，居月餘，以長慶元年八月二十四日卒，春秋六十。《朝散大夫尚書庫部郎中鄭君誌》。

書死於中道、外州，不書年月日例：

年二十九，客死於京師。《李元賓誌》。

張君諱季友，字孝權，年五十四，病卒東都。《虞部員外郎張府君誌》。

至南海，未幾竟死，年五十三。《監察御史衛府君誌》。

書病死例：

元和四年，年四十七，二月十四日，疾暴卒。《國子助教河東薛君誌》。

年四十有二，元和二年六月辛巳，暴病卒。《太原參軍苗君誌》。

疽發背，六月乙酉卒，年五十二。《殿中侍御史李君誌》。

命且下，遂病以卒，年若干。《南陽樊紹述誌》。

元和六年，詔下河南，徵拜京兆昭应尉①、校理集賢御書。明年六月甲午，疾卒，年四十二。《集賢院校理石君誌》。

在鎮三年，以疾乞歸。復拜司徒中書令，病不能朝，以長慶二年十二月三日，薨於永崇里第，年五十八。天子為之罷朝三日，贈太尉。《許國公韓宏神道碑》。

年若干，元和七年甲子日南至，以疾卒。《息國夫人誌》。

書不病而死例：

元和四年十一月二十二日，無疾暴薨，年六十。《中散大夫河南府尹杜君誌》。

書死而不書死之地例：

春秋五十八，薨於元和五年八月六日。《江西觀察韋公誌》。

年三十七以卒。《殿中少監馬君誌》。

子厚以元和十四年十一月八日卒，年四十七。《柳子厚誌》。

書死而不書死之歲月例：

年三十七以卒。《殿中少監馬君誌》。

書生死年月日例：

生元和四年，年三十七，二月十四日，疾暴卒。《國子助教河東薛君誌》。

書死不書病例：

貞元十九年四月四日，卒於東都敦化里，年六十有九。《河南府法曹盧府君夫人苗氏誌》。

---

① "元和六年，詔下河南，徵拜京兆昭应尉"系據《韓昌黎集》卷二五補。

書死為薨例：

元和五年，尚書薨。夫人哭泣成疾，後二年亦薨，年四十有六。《扶風郡夫人誌》。

夫人以元和十四年十一月一日，薨於鄜之公府，春秋若干。大夫委節去位，奉喪以居東都。詔起之，辭以羸毀，不仕即命，又加喻勉。《楚國夫人翟氏誌》。

書葬例

書勅葬例：

在鎮三年，以疾乞歸。復拜司徒中書令，病不能朝，以長慶二年十二月三日，薨於永崇里第，年五十八。天子為之罷朝三日，贈太尉，賜布粟，其葬物有司官給之，京兆尹監護。《許國公韓宏誌》。

詔所在給船輿，傳歸其家，賜錢物以葬。長慶四年四月某日，其妻子以君之喪葬於某州某所。《幽州節度判官贈給事中張君誌》。

書詔許還葬例：

長慶元年，詔曰："左降而死者，還其官以葬。"遂以某年某月日葬於東都某縣。《昭武校尉守左金吾衛將軍李公誌》。

明年，立皇太子，有赦令，許歸葬。其子居中，始奉喪歸。元和八年十一月甲寅，葬於河南府①河南縣萬安山下太師墓左。《除名人董府君誌》。

---

① 府：原文及《韓昌黎集》均脫，據《舊唐書》卷三八《地理一》補。

書自他州返葬例：

於殯之二十日，其妻與其子以君之喪，旋葬於汝州。其二月某日，遂葬於某縣某鄉某原。《崔評事誌》。

四月己酉，其兄右拾遺朗，以喪東葬河南壽安之甘泉鄉家塋憲公墓側，將以五月壬申窆。《秘書少監贈絳州刺史獨孤府君誌》。

明年，兄子塗與其弟庚揜等，護柩歸葬長安縣馬額原夫人北海唐氏之封。《虞部員外郎張府君誌》。

元和十年十二月某日，歸葬河南某縣某鄉某村，祔先塋。《監察御史衛府君誌》。

以十五年七月十日，歸葬萬年先人墓側。《柳子厚誌》。

書葬他州例：

初，君樂虢之土田山水，求掾其州，去官猶家之。既卒，因以其年九月某日，葬州北十里崔長史墓西。《虢州司戶韓府君誌》。

三日而殯，既殯七日，權葬宜春郭南一里。嗚呼！其可惜也已。《韓滂誌》。

書葬祖父墓域例：

殯之三月某甲子，葬河南伊闕鳴皋山下。自簡州而下，皆葬鳴皋山下。《河南少尹李公誌》。

其年十月戊申，葬河南洛陽縣，距其祖澠池令府君僑墓十里。《殿中侍御史李君誌》。

十月庚申，樊子合凡贈賻，而葬之洛陽東其先人墓左，以餘財附其家而供祀。《貞曜先生誌》。

即以其年十一月二十二日，從葬於鄭州廣武原先人之墓次。《朝散大夫尚書庫部郎中鄭君羣誌》。

其年八月某日，葬河南偃師先公尚書之兆次。《國子司業竇公誌》。

書夫祔妻墓例：

某月二十六日，穿其妻墓而合葬之，在其縣某地。《太學博士李君幹誌》。

其年閏三月二十一日，弟試太子通事舍人公儀，京兆府司錄公幹，以君之喪歸，以五月十五日，葬於京兆府萬年縣少陵原，合祔王夫人塋。《國子助教薛君誌》。

書妻祔夫墓例：

嗣子通王屬良禎①，以其年十月庚寅，葬公於開封縣魯陵岡，隴西郡夫人李氏祔焉。《清邊郡王楊燕奇碑文②》。

九年正月癸酉，祔於其夫之封。《扶風郡夫人誌》。

明年八月十四日，葬京兆奉先，夫人天水趙氏祔焉。《中散大夫少府監胡良公碑》。

書合葬例：

年若干而終，在官舉其職。夫人姓李，隴西人。君在，配君子無違德；君歿，訓子女得母道甚。後君二十年，年六十六而終。君祖子輿，濮州濮陽令。父同，舒州望江令。夫人之祖延宗，鄆州司馬。父進成，鄜州洛交令。《考功員外盧君誌》。

貞元十七年九月丁卯，隴西李翱合葬其皇祖考貝州司法參軍楚金、皇祖妣清河崔氏夫人於汴州開封縣某里。昌黎韓愈紀其世，著其德行，以識其葬。其世曰：由涼武昭王六世至司空，司空之後二世，為刺史清淵侯，由侯至於貝州，凡五世。其德行曰：事

---

① 禎：本作"楨"，據《韓昌黎集》卷二四改。
② 碑文：本作"誌"，據《韓昌黎集》卷二四改。

其兄如事其父，其行不敢有出焉。其夫人事其姒如事其姑，其於家不敢有專焉。其葬曰：翱既遷貝州，君之喪於貝州，殯於開封，遂遷夫人之喪於楚州，八月辛亥至於開封，壙於丁巳，填於九月辛酉，窆於丁卯。《貝州司法參軍李君誌》。

書各葬例：

其年八月甲申，從葬河南河陰之廣武原。卜人曰："今茲歲未可以祔。"從卜人言不祔。《朝散大夫贈司勳員外郎孔君誌》。

書因某人歸葬例：

既歛之三日，友人博陵崔宏禮葬之於國東門之外七里，鄉曰慶義，原曰嵩原。友人韓愈書石以誌之。《李元賓誌》。

書本月內葬例：

卒三日，葬河南縣北十五里。愈率婦孫視窆封。《乳母誌》。

以其月二十五日，從葬偃師之土婁。《河南府王屋縣尉畢君誌》。

書本年內葬例：

墓在河南緱氏縣梁國之原。其年月日，元和二年二月十日云。《考功員外盧君誌》。

其年七月某日，祔于法曹府君墓，在洛陽龍門山。《河南府法曹參軍盧府君夫人苗氏誌》。

其妻清河張氏，以其年十二月丙寅，葬君於洛陽平陰之原。《太原府參軍苗君誌》。

書明年葬例：

明年，葬京兆萬年少陵原。《銀青光祿大夫襄陽郡王平陽路公誌》。

明年二月，葬河南偃師。《河中府法曹張公誌》。

明年二月甲午，從葬懷州。《中散大夫河南尹杜君誌》。

明年七月壬寅，從葬萬年縣少陵原。《江西觀察韋公誌》。

特書某年葬例：

長慶二年三月某日，葬夫人於洛陽北山。《楚國夫人崔氏誌》。

以四年二月某日，葬於河南某縣先塋之側。《江西觀察常侍太原王公誌》。

不書年月日例：

即葬於其地。《烏氏先廟碑》。

不書葬地例：

樊紹述既卒且葬。《南陽樊紹述誌》。

書某月幾日，不書甲子例：

其二月某日，遂葬於某縣某鄉某原。《崔評事誌》。

以五月十五日，葬於京兆府萬年縣少陵原。《國子助教薛君誌》。

遂以其月十四日，合葬河南緱氏之高龍原。《興元少尹房公誌》。

書某月甲子即不書幾日例：

以其年十月庚寅，葬公於開封縣魯陵岡。《清邊郡王楊燕奇碑》。

卜葬得公卒之四月壬寅，遂以其日葬東都芒山之陰杜翟村。《河南少尹裴君誌》。

於其年九月乙酉，其弟渾，以家有無，葬以車一乘，於龍門山先人兆。《處士盧君誌》。

其年十月戊申，葬河南洛陽縣。《殿中侍御史李君誌》。

金石例卷九①

論古人文字有純疵

　　前輩作文，各有入門處。退之本《孟子》，永叔亦祖《孟子》，故其講論純正少疵。子厚、明允《集》中皆自言其所得處，明允多自《戰國策》中來，視子厚爲不純。子瞻亦宗其家學，氣燄赫奕，人多慕之，然少純正。要之自《六經》中出，則源深而流長，人但見正大溫粹，不知其所養者有本也。此最當謹所習之，始者不謹，則末流可知。

論作文法度

　　立本論前說備矣。本者既立，必學問充就，而後識見造詣，凡見之議論言語者，皆正大純粹，如冠冕佩玉，入宗廟之中，人

---

① 經過比對，本卷絕大部分内容與王應麟《玉海》卷二〇一至二〇四《辭學指南》相同。

自起敬。學力既到，體制亦不可不知。如記、贊、銘、頌、序、跋，各有其體。不知其體，則喻人無容，雖有實行，識者幾何人哉？體製既熟，一篇之中，起頭結尾、繳換曲折、轉折反覆、照應關鎖、綱目血脉，其妙不可以言盡。要須助，自得於古人。

韓文公《上李侍郎書》云：大之爲河海，高之爲山嶽，明之爲日月，幽之為鬼神，纖之為珠璣華實，變之為雷霆風雨。《荅尉遲生書》云：本深而末茂，形大而聲宏，行峻而言厲，心醇而氣和；昭晰者無疑，優游者有餘。《上于頔相公書》云：變化若雷霆，浩汗若河漢，正聲諧《韶濩》，勁氣沮金石。凡皆形容文章之妙，公實道胸中之自得者。

《黃氏日抄》：韓文公《與馮宿論文》謂：稱意者人以為怪，下筆令人慚，則人以為好。古文真何用於今，以俟知者知耳。公殆矯其說，以振起一世之庸庸者乎！然歷數百年至本朝歐陽公，方能得公之文於殘弃而發攄之，否者，終於湮沒。自歐陽公以來，雖曰家藏而人誦，殆不過野人議璧，隨和稱好，及自執筆爲文，鮮有不與之背。真知公之文者，又幾何人哉？愚嘗嘆息而為之自警曰："人誰不講孔、孟之學，至遇事則往往而違其訓；人誰不讀韓、歐之文，至執筆則往往而非其體；人莫不飲食，鮮能知其味。不心誠求之，是真無益哉！"

《荅劉正夫書》：論爲文譬之百物，朝夕所見者，人皆不注視；及覩其異者，則衆觀之。又謂用功深者，其收名也遠。《荅陳商書》：喻以齊王好竽而鼓以瑟，所謂工於瑟而不工於求齊。合是兩書而觀之，庸庸者不足以自見，怪怪者非所以諧俗。公所告語，雖各隨其病而藥之，功深一語，則均所當務，而根本之論乎！

《荅李翊書》：生之書辭甚高，而其問何下而恭也。能如是，誰不欲告生以其道。道德之歸也有日矣，況其外之文乎？抑愈所謂望孔子之門牆而不入於其宮者，焉足以知是且非也邪？雖然，不可不為生言之。生所謂立言者是也，生所為者與所期者，甚似而幾矣。抑不知生之志，蘄勝於人而取於人耶？將蘄至於古之立言者邪？蘄勝於人而取於人，則固勝於人而可取於人矣。將蘄至於古之立言者，則無望其速成，無誘於勢利，養其根而竢其實，加其膏而希其光。根之茂者其實遂，膏之沃者其光曄。仁義之人，其言藹如也。抑又有難者，愈之所為，不自知其至猶未也，雖然，學之二十餘年矣。始者非三代兩漢之書不敢觀，非聖人之志不敢存。處若亡，行若遺，儼乎其若思，茫乎其若迷。當其取於心而注於手也，惟陳言之務去，戛戛乎其難哉。其觀於人，不知其非笑之為非笑也。如是者亦有年，猶不改，然後識古書之正偽，與雖正而不至焉者，昭昭然白黑分矣，而務去之，乃徐有得也。當其取於心而注於手也，汩汩然來矣。其觀於人也，笑之則以為喜，譽之則以為憂，以其猶有人之說者存也。如是者亦有年，然後浩乎其沛然矣。吾又懼其雜也，迎而距之，平心而察之，其皆醇也，然後肆焉。雖然，不可以不養也。行之乎仁義之途，游之乎《詩》《書》之源，無迷其途，無絕其源，終吾身而已矣。氣，水也；言，浮物也。水大而物之浮者大小畢浮，氣之與言猶是也，氣盛則言之短長與聲之高下者皆宜。雖如是，其敢自謂幾於成乎？雖幾於成，其用於人也奚取焉？雖然，待用於人者，其肖於器邪？用與捨屬諸人。君子則不然，處心有道，行己有方，用則施諸人，舍則傳諸其徒，垂諸文而為後世法。如是者，其亦足樂乎？其無足樂也？有志乎古者希矣！志乎古必遺乎今，吾誠樂而悲之。亟稱其人，所以勸之，非敢褒其可褒，而貶其可貶也。問於愈者多矣，念生之言不志乎利，聊相為言之。韓退之。

柳柳州《荅韋中立書》：始吾幼且少，為文章以辭為工。及長，乃知文者以明道，是固不苟為炳炳烺烺，務采色、夸聲音而以為能也。凡我所陳，皆自謂近道，而不知道之果近乎、遠乎？吾子好道而可吾文，或者其於道不遠矣。故吾每為文章，未嘗敢以輕心掉之，懼其剽而不留也；未嘗敢以怠心易之，懼其弛而不嚴也；未嘗敢以昏氣出之，懼其昧沒而雜也；未嘗敢以矜氣作之，懼其偃蹇而驕也。抑之欲其奧，揚之欲其明，疎之欲其通，廉之欲其節，激而發之欲其清，固而存之欲其重，此吾所以羽翼夫道也。本之《書》以求其質，本之《詩》以求其恒，本之《禮》以求其宜，本之《春秋》以求其斷，本之《易》以求其動，此吾所以取道之原也。參之穀梁氏以屬其氣，參之《孟》《荀》以暢其支，參之《莊》《老》以肆其端，參之《國語》以博其趣，參之《離騷》以致其幽，參之太史以著其潔，此吾所以旁推交通而以為之文也。凡若此者，果是耶、非耶？有取乎、抑其無取乎？吾子幸觀焉擇焉，有餘以告焉。苟亟來以廣是道，子不有得焉，則我得矣。朱文公曰："韓、柳荅李翊、韋中立書，可見其用力處。"

《與友人論文書》：古今號文章為難，足下知其所以難乎？非謂比興之不足，恢拓之不遠，鑽礪之不工，頗僻之不除也。得之為難，知之愈難耳。苟或得其高朗。探其深賾，雖有蕪敗，則為日月之蝕也，大圭之瑕也，曷足傷其明、黜其寶哉？且自孔氏以來，茲道大闡。家修人勵，刓精竭慮者，幾千年矣。其間耗費簡札，役用心神者，其可數乎？登文章之籙，波及後代，越不過數十人耳。其餘誰不欲爭裂綺繡，互攀日月，高視於萬物之中，雄峙於百代之下乎？率皆縱臾而不克，躑躅而不進，力蹙勢窮。吞志而沒，故曰得之為難。嗟乎！道之顯晦，幸不幸繫焉；談之辯訥，升降繫焉；鑒之頗正，好惡繫焉；交之廣狹，屈伸繫焉。則彼卓然自得以奮其間者，合乎否乎？是未可知也。而又榮古虐今者，比肩疊跡。大底生則不遇，死而垂聲者眾焉。揚雄沒而《法言》大興，馬遷生而《史記》未振。彼之二才，且猶若是，況乎未甚聞著者哉！固有文不傳於後祀，聲遂絕於天下者矣。故曰：知之愈難，而為文之士，亦多漁獵前作，戕賊文史，抉其意，抽其華，置齒牙間，遇事蠭起，金聲玉耀，誑聾瞽之人，徼一時之聲。雖終淪棄，而其奪朱亂雅，為害已甚，是其所以難也。柳子厚。

蘇明允上歐陽公書：孟子之文，語約而意盡，不為巉刻斬絕之言，而其鋒不可犯。韓子之文，如長江大河，渾浩流轉，蚖鼉蛟龍，萬怪惶惑，而抑遏掩蔽，不使自露，而人望見其淵然之光，蒼然之色，亦自畏避，不敢迫視。

蘇子由曰：“太史公行天下，周覽名山大川，與燕、趙間豪俊交遊，故其文疏宕，頗有奇氣。”

韓愈以六經之文為諸儒倡，障隄末流，反刓以樸，剗偽以真。粹然一出於正，刊落陳言，橫騖別驅，汪洋大肆，無牴牾聖人者。其《原道》《原性》《師說》數十篇，皆奧衍宏深，與孟軻、揚雄相表裏，而佐佑六經云。本贊。

柳子厚之文，雄深雅健似司馬子長，崔、蔡不足多也本傳。

蘇子瞻曰：“歐陽公云：‘晉無文章，惟陶淵明《歸去來辭》。余亦謂唐無文章，惟韓愈《送李愿歸盤谷序》。’”

歐陽公《文集》序云：“歐陽子之學，推韓愈、孟子以達於孔氏，著禮樂仁義之實，以合於大道。其言簡而明，信而通，引物連類，折之於至理，以服人心，故天下翕然師尊之。自歐陽子出，天下爭自濯磨，以通經學古為高，以救時行道為賢，以犯顏納諫為忠。至嘉祐末，號稱多士，歐陽子之功為多。"蘇子瞻。

邵氏《後錄》云：東坡中制科，王荊公曰："全類戰國文章。"故荊公修《英宗實錄》，謂明允有戰國縱橫之學。

東坡之文，如長江大河，一瀉千里。至其渾浩流轉，曲折變化之妙，則無復可以名狀。蓋能文之士，莫之能尚也，而尤長於指陳世事，述叙民生疾苦。方其年少氣銳，尚欲汛掃宿弊，更張百度，有賈太傅流涕漢庭之風。及既懲創王氏，一意忠厚，思與天下休息。其言切中民隱，發越懇到，使巖廊崇高之地，如親見間閻哀痛之情，有不能不惻然感動者，真可垂訓萬世矣。嗚呼休哉。《黃氏日抄》。

蘇子瞻曰："凡人作文，須是筆頭上挽得數百鈞起。凡作文如行雲流水，初無定質，但常行於所當行，常止於不可不止，文理自然，情態橫生。"

李漢老曰："為文之法，有筆力，有筆路。筆力到二十歲便定，後來長進，只就上面添得些子；筆路則常拈弄、時轉、開拓，不拓弄便荒廢。"

杜牧之曰："文以意為主，氣為輔，以辭采為兵衛。"

李文饒曰："譬諸日月，雖終古常見，而光景常新。"

朱文公曰："古人作文，多摹做前人，學之既久，自然純熟。今人於韓文知其力去陳言之為工，而不知其文從字順之為貴。"

歐陽公曰："為文有三多，看多、做多、商量多。"鶴山曰："辭根於氣，氣命於志，志立於學。"

西山先生問傅公景仁以作文之法。傅公曰："長袖善舞，多財善賈。子歸取古人書熟讀而精甄之，則蔚乎其春榮，薰乎其蘭馥有日矣。"

平齋洪公曰："古今萃於胸中，造化運於筆下，多讀多做，兩盡為勝。"

夏文莊曰："美辭施於頌贊，明文布於牋奏。詔誥語重而體宏，歌詠言近而音遠。"

陸士衡曰："謝朝華於已披，啟夕秀於未振，銘博約而溫潤，箴頓挫而清壯，頌優游以彬蔚，要辭達而理舉，故無取乎冗長。立片言以居要，乃一篇之警策，雖眾辭之有條，必待茲而效績。"

野處洪公曰："文章有淵源，有機杼，有關鍵，有本根。用其文如老農之用禾，旦而溉，中而芸，深耕而熟穮之。吾文唐矣，不兩漢若乎？漢矣，不三代若乎？歉然自視，未能參於柳州、吏部之奧，則日引月長，不至不止也。"

朱文公曰："作文自有穩字。古之能文者，纔用便用著這樣字，如今不免去搜索修改。"① 宋景文云："人之屬文，有穩當字，弟初思之未至也。"

李德裕《文箴》曰："文之為物，自然靈氣。忽恍而來，不思而至。杼軸得之，澹而無味。琢刻藻繪，彌不足貴。如彼璞玉，磨礱成器。奢者為之，錯以金翠。美質既彫，良寶斯棄。"

朱文公曰："前輩文有氣骨，故其文壯，今人只是於枝葉上粉澤爾。後山攜所作謁南豐，因留歇語，適作一文字。事多因託，後山為之成數百言。南豐曰：'大略也好，只是冗字多。'後山請

---

① "這樣字"以下至此據《朱子語類》卷一三九補。

改竄，南豐取筆抹數處，每抹處連一兩行，凡削去一二百字。後山讀之，則其意尤全，因歎服，遂以為法。"

《文心雕龍》曰：風骨乏采，則鷙集翰林；采乏風骨，則雉竄文囿；若藻耀而高翔，固文章鳴鳳也。鎔冶經典之範，翔集子史之術，洞曉情變，曲昭文體，然後能莩甲新意，雕畫奇辭。才有天資，學謹始習，斲梓染絲，功在初化，器成綵定，難可翻移。情者，文之經；辭者，理之緯。才為盟主，學為輔佐。善為文者，富於萬篇，貧於一字，一字非少，相避為難也。曾文昭曰："文才出於天分，可省學問之半。"

汪彥章謂傅①自得曰："今世綴文之士雖多，往往昧於體制，獨吾子為得之不懈，則古人可及也。"

論作文當取法經史造語

王景文曰："文章根本，皆在六經，非惟義理也。而機杼物采，規模制度，無不俱備者。"張安國出《考古圖》，其品百二十有八，曰："是當為記，于經乎何取？"景文曰："宜用《顧命》，游廬山訖事，將裒所歷序之。"曰："何以？"景文曰："當用《禹貢》。"

叙事法《禹貢》《顧命》《考工記》，其次《左傳》《史記》《西漢書》，各物當類編字面考究。論事似賈誼、董仲舒、劉向。

句法求之《檀弓》，則音節響亮，言語絢麗。

銘辭贊頌，不似風雅，則俚而無足傳。

詩當得《風》《雅》《頌》之旨趣，因事感發性情之正。

---

① 傅：原作"傳"，誤。

《騷》《選》以下宜取其體製，唐律當學他格式嚴整，至於淫艷，乃所當戒。余教人作文，先要令解其經，蓋以所說之書，使之演文，既是熟於義理，就其中抑揚以得作文之法，此是求速化之術。全章既能解釋，則作疑義、設疑以問之，以觀其見識，若能因所問得其旨意，則心地已開，見識已到；然後斷史，以觀其處事，如此則作詩作文，無所不通矣。"良弓[①]之子，必學為箕"；"良冶之子，必學爲裘"。無與於弓、冶教人者，使之以歸其理，此當與智者道。學者能如是用工，他日悟其言之有味。不然，視之為迂濶，而近效亦終不可得矣。

學文凡例

凡金石文例，詳見前卷，曰制、曰誥、曰詔、曰表、曰露布、曰檄、曰箴、曰銘、曰記、曰贊、曰頌、曰序、曰跋，皆文章之流也。匪著其目，則學者無所於攷，用列於後云。

制式

門下，云云。具官某，云云。於戲，云云。可授某官，主者施行。

擬制之始

唐、虞至周皆曰命，秦改命為制，漢因之。下書有四，而制

---

① 弓：原作"工"，誤，據《禮記·學記》改。

書次焉。其文曰："制詔三公。"顏師古謂：為制度之命，唐王言有七，其三曰制書，大除授用之。學士初入院，試制書批荅共三篇。白居易入翰林，以所試制加段祐兵部尚書、領涇州。韓偓《試武臣授①東川節度制》。此試制之始也。舍人不試，多自學士遷。制用四六，以便宣讀。宋朝知制誥元豐改中書舍人。召試中書而後除，不試號為異禮。所以試者，觀其敏也。試制詔三篇，宰相俟納卷始上馬，翌日進呈，除目方下。

擬制之式

制頭四句，能包盡題意為佳。如：所擬有檢校少保，又有儀同三司，又換節，又帶軍職，又作帥，四句中能包括盡此數件是也。若鋪排不盡，則當擇題中體面重者説，其餘輕者，於散語中説亦無害。輕者如軍職、三司是也。制起須用四六聯，不可用七字。制頭四句，四六一聯。散語四句，或六句。不須用聯。具官名，須於《職官分紀》尋替換字，如尚書為中臺，吏部為選部，禮部為儀曹。似此類須每件尋兩三般，蓋臨時有聲律虛實之不同也。郎、曹以下不必記，非從官而記者，止卿、監、司業。制中散語，不可四句相似，如兩句用"之"字，則下兩句用"以""而"字可也。不然，則上兩句"之"字在第五字，下兩句"之"字在第四字亦可。

西山先生曰："制誥，王言也。貴乎典雅溫潤，用字不可深僻，造語不可尖新。制詞三處最要用工：一曰破題要包盡題目而不粗

---

① 授：原作"受"，據曾慥《類說》卷七。

露。首四句體貼。二曰叙新除處欲其精當而忌語太繁。推原所為設官除授之意，用古事為一聯尤好，如《莫侍郎步軍制》：'法黄帝之兵，允賴為營之重；資漢人之技，莫如用步之强'最妙。三曰戒辭'於戲'而下是也，用事欲其精切。"須要古事或古語為聯，切於本題，有丁寧、告戒之意。如傅景仁少保侍讀①用"説命周官"，周子及楊帥制用"繫楫中流"，《陳自明宗室觀使制》用"祕書仙圖"。此等事既親切，而造語妥貼，是為可法。野處洪公贄所業書曰："昔丁文簡公未遇之日，手其所為制誥一編，贄諸王公大人之門，人見者皆非之。丁獨毅然不顧曰：'異日當有知我者。'其後直掖垣，登玉堂，以至政地，而昔日所為文，始盡得施用。有志者事之竟成如此。"

倪正父曰："文章以體制為先，精工次之。失其體制，雖浮聲切響，抽黄對白，極其精工，不可謂之文矣。凡文皆然，而王言尤不可以不知體制，龍溪益公，號為得體制。然其間猶有非君所以告臣，人或得以指其瑕者。"

朱文公曰："范淳夫作《冀王制》云：'周尊公旦，地居四輔之先。漢重王蒼，位列三公之上。及我仁祖，加禮荆王，顧惟沖人，敢後叔父。'自然平正典重，彼工于四六者，却不能及。"

李公父欲應詞科，西山指竹夫人戲曰："試為《進封制》，可乎？"公父末聯云："保抱攜持，朕不安丙夜之枕；輾轉反側，爾尚形四方之風。"西山稱賞。

《王器之京東淮東宣撫制》戒詞云：沿于江而達泗，朕方恢禹之九州，率彼浦以省徐，爾尚勉周之三事。

迂齋樓公曰："經句對經句，如'在武丁時，作召公考。惟

---

① 侍讀下當脱"制"字。

汝一德，於今三年。天維顯思，民亦勞止。有能奮庸，爰立作相。經營四方，飲御諸友'之類，固是天造地設。若'萬人留田'對'三事就緒'，雖以史句對經句，緣有氣勢，所以不覺。"

北海《督府訓詞》尤為宏偉，有曰"盡長江表裏之封，悉歸經畧；舉宿將王侯之貴，咸聽指揮"①。

李漢老曰："張樂全高簡純粹，王禹玉溫潤典裁，元厚之精麗穩密，蘇東坡雄深秀偉，皆制詞之傑然者。"

誥式

勅，云云。具官某，云云。可特授某官。二人以上同制，則於詞前先列除官人具銜、姓名、可特授某官，於勅下便云某官某等，末云可依前件。侍從以上用聯詞，餘官云勅具官某云云爾、云云。

擬誥之始

誥，告也。其原起於《湯誥》。《周官·大祝》六辭，三曰誥；《士師》五戒，二曰誥；成王封康叔、唐叔，命以《康誥》《唐誥》。漢元狩六年，立三子為王，初作誥。唐《白居易集》：翰林曰翰林制誥，中書曰中書制誥，蓋內外命書之別。宋朝西掖初除試誥，而命題亦曰制。

---

① 北海《督府訓詞》指宋綦崇禮撰《北海集》卷七所載《除呂頤浩特授依前尚書、左僕射、同中書門下平章事，兼知樞密院事、都督江淮兩浙荊湖諸軍事制》。

擬誥之式

東坡制詞有議論，荊公、南豐外制佳。王子發曰："南豐本法意，原職守而為之訓勅，人人不同，咸有新趣，衍裕雅重，自成一家。"胡致堂曰："辭貴簡嚴，體歸典重。"周益公曰："韓退之《崔羣戶部侍郎制》初云：'地官之職，邦教是先'；末云：'選賢與能，於今惟重；擇才經賦，自古尤難。'凡命版曹，何嘗不主理財，惟退之先及'邦教'，而以'經賦'二字終之，深合經旨。"唐錢翊曰："體正而有倫，詞約而居要，終始明白，所以為誥。"

詔式

勅門下，或云勅某等。故茲詔示，獎諭、誡諭、撫諭，隨題改之。想宜知悉。

擬詔之始

《周官》："御史掌贊書。"注云：若今尚書作詔文，秦改令為詔，漢下書有四，三曰詔書，其文曰"告某官"。四曰誡勅。其文曰"有詔勅某官"。唐貞觀末，張昌齡召見①，試《息兵詔》，此試詔之始也，其後學士試批答。宋朝西掖，初除試詔，紹聖試格，

---

① 張昌齡召見：實為張昌齡被唐太宗召見。《舊唐書》卷一九〇《張昌齡傳》云："貞觀二十一年，翠微宮成，詣闕獻頌。太宗召見，試作《息兵詔》草，俄頃而就，太宗甚悅。"

止曰誡諭，如近體試論風俗或百官之類，紹興改為詔。唐封敖作《慰邊將詔》曰："傷居爾體，痛在朕躬"；《賜李德裕制》曰："謀皆予同，言不他惑"；李德裕草詔賜王元逵、何宏敬曰："勿為子孫之謀，欲存輔車之勢"；皆切中事情。宋朝錢若水草《賜趙保忠詔》曰："不斬繼遷，存狡兔之三窟；潛疑光嗣，持首鼠之兩端。"汪彥章草《賜高麗詔》曰："壞晉館以納車，庶無後悔；閉漢關而謝賀，非用前規"。

擬詔之式

東萊先生曰："詔書或用散文，或用四六，皆得。唯四六者，下語須渾全，不可如表求新奇之對而失大體。但觀前人詔，自可見。"

散文當以西漢詔為根本，次則王岐公、荊公、曾子開詔熟觀，然後約以今時格式，不然，則似今時文策題矣。兩漢詔中語如"吏獨安取此""皆秉德以陪朕"之類，當勾抹出，規做之。李漢老曰："兩漢詔令溫厚雅馴，或人主自親其文。"周益公曰："答皇子詔用卿字非是，前輩知體則不然，其他或汝或王或公，皆當有別。"

吳玆與唐叔羲詔皆得體。

西山先生曰："王言之體，當以《書》之誥、誓、命為祖，而參以兩漢詔册。"朱文公曰："三代詞誥誓命，皆根源學問，敷陳義理。"

兩漢詔令，辭氣藹然，深厚爾雅，可為代言之法。南豐曰："漢詔令典正謹嚴，尚為近古，唐常袞、楊炎、元稹之屬，號能為訓詞，其文未有遠過人者。"朱文公曰："國初文章，皆嚴重老成。嘉祐以前，文雖拙而詞謹重，所以風俗淳厚。"

表式

賀

臣某言或云臣某等言。恭覩守臣表云恭聞。某月日云云。者祥瑞表云：伏覩太史局奏云云者，守臣表云：伏覩都進奏院報云云者。云云，臣某懽忭懽忭，頓首頓首，竊以云云，恭惟皇帝陛下云云，臣云云。臣無任瞻天望聖，激切屏營之至。謹奉表稱賀以聞臣某懽忭懽忭，頓首頓首謹言。

年月日，具官，臣姓某上表

謝

臣某言，伏蒙聖恩云云。者謝除授云：伏奉告命，授臣某官職者。云云，臣某惶懼惶懼，頓首頓首，竊以云云。此段或云伏念臣云云，茲蓋恭遇。皇帝陛下云云，臣云云，臣無任感天荷聖，激切屏營之至，謹奉表稱謝以聞，進謝恩詩云，謹恪齋沐，撰成謝恩詩，隨表上進以聞。臣某惶懼惶懼，頓首頓首，謹言。

進書　進貢　陳請

臣某言云云，臣某惶懼惶懼，頓首頓首云云。進國史等云，恭以某宗皇帝云云，餘用竊以云云。恭惟皇帝陛下云云，臣云云，臣無任瞻天望聖，激切屏營之至陳請表云：臣某等無任祈天俟命云云。所有某書若干卷冊，謹隨表上進以聞。進詩云：恭和御制詩之類，進貢云某某物云云，陳請表云：謹奉表陳請以聞。臣某惶懼惶懼，頓首頓首，謹言。代宰臣以下，陳請表如請御正殿之類，中謝後或云竊以云云，或云恭惟皇帝陛下云云，末云伏望皇帝陛下云云。

擬表之始

表，明也，標也。標著事序，使之明白。三王以前，謂之敷奏，秦改為表。漢羣臣書四品，三曰表。不需頭，上言臣某言，下言誠惶誠恐，頓首頓首，左方下附曰，某官臣甲乙上。陽嘉元年，左雄言：孝廉先詣公府，文吏課牋奏；又胡廣以孝廉試章奏。然則章奏試士，其始此歟。唐顯慶四年，進士試《關內父老迎駕表》，開元二十六年西京試，擬《孔融薦禰衡表》，則進士亦試表。

擬表之式

東萊先生曰："表中謝後，當說竊以，各隨題意。"如《代樞密使謝賜玉帶表》云：竊以裴度視師，服章武通天之賞；衛公戡難，拜文皇于闐之珍。視師戡難，俱見樞臣之意，非泛泛引用此。如《謝賜御書〈周易〉〈尚書〉表》云：'竊以法始四營，莫辨乎《易》；文兼五典，皆聚此《書》'是也。或用事，或不用事，亦無定格；如《進實錄寶訓表》，中謝後當說恭以某宗皇帝云云，頌德不用竊以。羅疇老《代高麗修貢表》全篇皆穩，其間一聯云"地瀕日出，每輸傾藿之心；天潤露零，亦被蓼蕭之澤"二事，人用之極熟，此聯稍變言語，遂為佳句。大抵用事當如此，不然，則泛濫雷同矣。其斷句云"矢來肅慎，用昭遠慕之誠；弓掛扶桑，永荷誕敷之德"亦好。

大抵表文以簡潔精緻為先，用事不要深僻，造語不可尖新，鋪叙不要繁冗，此表之大綱也。

誠齋楊公曰："有用古人全語，而雅馴妥貼如已出者。介甫《賀冊妃表》云：'關雎之求淑女，無險詖私謁之心；雞鳴之思賢妃，有警戒相成之道。'"

四六有作流麗語者，須典而不浮。汪彥章《賀神降萬歲山表》云："恍若壺天，金成宮闕；浩如玉海，虹貫山川。"有作華潤語而重大者，最不多得。曾子固云："鉤陳太微，星緯咸若；崑崙渤海，波濤不驚。"

露布式

尚書兵部。晉曰"尚書五兵"，隋唐方曰"兵部"，唐龍朔二年曰"中臺司戎"，天寶十二載曰"尚書武部"，至德二載復舊。臣某言：臣聞。云云。恭惟皇帝陛下。云云。臣等。云云。臣無任慶快，激切屏營之至。唐露布云：不勝慶快之至，或云無任慶躍之至。謹遣或云謹差。某官奉露布以聞。

擬露布之始

露布之名，始於漢。按《光武紀注》漢制度曰："制詔三公，皆璽封，尚書令印重封，露布州郡。"《祭祀志注》引《東觀》書：有司奏孝順號，露布奏可。又鮑昱詣尚書，封胡降檄曰："故事通官文書不著姓，又當司徒露布。"李雲露布上書，注謂不封也。魏《改元景初詔》曰："司徒露布，咸使聞知。"蜀漢建興五年春《伐魏詔》曰："丞相某露布天下。"此皆非將帥獻捷所用。《通典》云："後魏攻戰克捷，欲天下聞知，乃書帛，建於漆竿上，名為露布，自此始也。"彭城王勰曰："露布者，布於四海，露之耳目。"王肅獲賊二三，皆為露布。韓顯宗有高曳長縑，虛張功捷之譏。孝文稱傅修期"下馬作露布"。齊神武破芒山軍為露布，杜弼即書絹，不起草。唐制下之通上，其制有六，三曰露布。兵部侍郎奉以奏聞，集羣官東朝堂，中書令宣布。隋開皇中撰宣露布禮。張昌齡為崑丘道記室，《平龜茲露布》為士所稱。於公異為招討府掌書記，朱泚平，露布曰："臣既肅清宮禁，祇奉寢園，鐘簴不移，廟貌如故"，德宗咨嘆焉。薛收為露布或馬上占辭，封常清於幕下潛作捷布。東晉未有露布，隆興初，以《晉破苻堅》命題，似有可疑。然《文章緣起》曰："漢賈洪為馬超伐曹操作"，而《魏志注》謂"虞松從司馬宣王征遼東，及破賊，作露布"。《隋志》有《魏武帝露布文》九卷。《世說》云："桓溫北征，令袁宏倚馬前作露布，手不輟筆，俄成七紙。"則魏晉已有之，當考。《宋書》云：楊文德建露板馳告朝廷。《文心雕龍》曰：露布者，蓋露板不封，布諸視聽也。宋朝王元之擬《李靖平突厥露布》，此擬題之始歟。

擬露布之式

東萊先生曰："頭四句後，再用兩句散語，須便用兩事，如蠻夷則用前代伐蠻夷之事，盜賊則用前代伐僭亂之事。"

尚書兵部臣某等言。主帥名。臣聞。說伐叛之意。恭惟尊號皇帝陛下。頌德更說四方向化，此賊獨拒命。某賊。須極罵之，須說當時罪。臣某等。說受成攻伐。某賊。說當時拒賊次第。臣等。說攻討次第，說擒賊得地。斯皆。歸善之意。臣。云云。末用一聯結。

西山先生曰："露布貴奮發雄壯，少粗無害。不然，則與賀勝捷表無異矣。"

翟公巽作《擒賊露布》曰："不以賊遺君父，已殄凶殘；凡克敵示子孫，毋忘勳伐。"張燕公《平契丹露布》曰："山川積雨，盡消胡騎之塵；草木長風，咸有王師之氣。"

王元之《擬李靖露布》："叙頡利求降，且復謀竄。曰穿中餓虎，暫為掉尾之求；韝上饑鷹，終有背人之意。"

檄式

某年某月日某官某告某處或曰移某郡。蓋聞；云云。末云：檄到如章，書不盡意。或云：茲言不欺，其聽無惑；或云：茲言不爽，其聽無違；故為檄委曲，檄到其善詳所處如律①令；或云：檄到宣告，咸使聞知。司馬長卿《喻蜀檄》。首云："告巴蜀太守。"末云："檄到，亟下縣道，使咸知陛下之意，唯毋忽也。"② 陳孔彰《為袁紹檄豫州》。首云：左將軍領豫州刺史郡國相守。蓋聞云云。司空曹操云云。幕府云云。廣宣恩信，班揚符賞，布告天下。云云。如律令。《檄吳將校部曲文》。首云："年月朔日，守尚書令或，告江東諸將校部曲及孫權宗親中外。"蓋聞云云。故令往募爵賞科條如左，檄到詳思至言，如詔律令。《鍾士季檄蜀文》。末云："各其宣布，咸使聞知。"宋《告司兗二州》。末云："幸加三思，詳擇利害。"又《尚

---

① 律：原作"津"，誤，據隨庵徐氏叢書本、光緒四年讀有用書三刊王芑孫評《金石三例》本改。
② 使咸知陛下之意，唯毋忽也：原文作"使咸喻陛下意，無忽"，據《史記》卷一一七《司馬相如列傳》改。

書符征南府》末云："文書千里驛行。"

擬檄之始

檄，軍書也。祭公謀父所謂"威責之令，文告之辭"。東萊先生曰："晉侯使呂相絕秦，檄書始於此。"然春秋之世，鄭子家使執訊與書以告趙宣子，晉之邊吏責鄭，王使詹伯辭於晉，王子朝使告諸侯，皆未有檄之名。戰國時，張儀為檄告楚相，其名始見。魯仲連為書約矢遺燕將。秦尉佗移檄。蒯通説范陽令曰："傳檄而千里定。"韓信曰："三秦可傳檄而定。"漢有羽檄，顏師古曰："檄以木簡為書，長尺二寸，有急加鳥羽，示速也。"《急就篇注》："檄以木為之，長二尺。"《説文》亦云：二尺書。李左車曰："奉咫尺之書。"自相如之後，檄書見史策者，不可勝紀。揚雄曰："軍旅之際，飛書馳檄用枚皋，謂其為文敏速也。"唐以前不用四六，周益公擬《漢河西大將軍諭隗囂》①，倪正父《擬晉奮威將軍、豫州刺史諭中原豪傑》，皆用四六。然散文為得體，如東萊《漢使喻莎車諸國》②是也。《釋文》曰：檄，激也。《文心雕龍》曰："檄者③，皦也，宣布於外，皦然明白。"

擬檄之式

劉勰《文心雕龍》曰："祭公謀父，稱文告之辭，即檄之本

---

① 周必大《文忠集》卷九一有《漢河西大將軍諭隗囂檄》。
② 呂祖謙《東萊呂太史文集》卷三有《漢使喻莎車諸國檄》。
③ 者：據《文心雕龍注釋·檄移第二十》補。

原，戰國始稱為檄。凡檄之大體，或述此休明，或叙彼苛虐，指天時，審人事，筹強弱，角權勢，標蓍龜於前代，垂礐鑑於已然。譎詭以馳旨，煒曄以騰説。故植義颺辭，務在剛健，插羽以示迅，不可使辭緩，露板以宣衆，不可使義隱。必事昭而理辯，氣盛而辭斷，此其要也。"《册府元龜》序曰："暴揚過惡，張皇威武。使忠義奮發，而邪謀沮壞。諭去就之理，陳逆順之狀。俾之改圖易轍，轉禍為福，誕告士①民，使知不獲已而用兵，非無名而黷武。"

東萊先生曰："檄書頭説某官告某將士，蓋聞説討叛招攜之意。説一段云云。惟爾某處將士説為賊狗脅而不能自歸，及署説賊之罪。幕府説受命討賊甲兵之盛，叙當時形勢，賊將欲滅，須自歸。主上説有過人大度之意，開其自新之路。末以歸附則有厚賞，怙終則有顯戮，自擇禍福結之。"末云：凡所賞科，其如令甲。周益公擬《諭隗囂檄》云："若吳芮效忠，世裂長沙之壤；田橫亡命，身貽海島之羞。顧逆順之灼分，惟智愚之審擇。"西山先生曰："檄、露布乃軍中文字，檄貴鋪陳利害，感動人心。所業檄題，欲出《唐大將軍河南招慰使傅州縣檄》，題②出《夏侯端傳》，乃高祖創業之初，非因兵興盜起，稍覺氣象佳，但所疑者一慰字耳。漢以前無檄，六朝以來，未有露布。編題之初，須要知此。漢檄不須四六，如司馬相如《喻巴蜀檄》③之類，漢無四六之文故也。"晉檄亦用散文，如袁豹《伐蜀檄》之類。隋唐以來方用四六，如祖君彦、駱賓王檄，鄭畋移檄藩鎮。

柳子厚《伐黃賊牒》云："徵側之勇冠一方，竟就伏波之戮；

---

① 士：繆全孫《金石例札記》作"下"。
② 題上原有"出"字，不通，據《玉海》卷二〇三删。
③ 喻巴蜀檄：原文脱"巴"字，據《史記》卷一一七《司馬相如列傳》補。

呂嘉之威行五嶺，終摧下瀨之師。嗟此陋微，自貽擒滅。"

李克曰："檄不切厲，則敵心陵；言不誇壯，則軍容弱。"

箴式

序云云。箴辭用韻語，末云敢告。云云，如揚雄百官、九州箴之類。箴、銘、贊、頌，並逐句空字。

擬箴之始

箴者，諫誨之辭，若箴之療疾，故名箴。《盤庚》："無或敢[①]伏小人之攸箴"，《庭燎》"因以箴之"。召公曰："師箴"，師曠曰："工誦箴諫。"《文心雕龍》曰："夏商二箴，餘句頗存。"《夏箴》見於《周書·文傳》篇，《商箴》見於《呂氏春秋·名類》篇。又《謹聽》篇有《周箴》。周辛甲為太史，命百官官箴王闕，虞人掌獵為箴。漢揚雄擬其體為十二州二十五官箴。後之作者，咸依倣焉。隋杜正藏舉秀才，擬《匠人箴》，擬題肇於此。唐進士亦或試箴。顯慶四年試《貢士箴》，開元十四年《考功箴》，廣德二年《轅門箴》，建中三年《學官箴》。

周《虞人箴》："芒芒禹迹，畫為九州，經啟九道。民有寢廟，獸有茂草。各有攸處，德用不擾。在帝夷羿，冒於原獸，忘其國恤，而思其麀牡。武不可重，用不恢於夏家。獸人司原，敢告僕夫。"告僕夫，不敢斥尊。

---

① 或敢：據《尚書·盤庚》補。

擬箴之式

東萊先生曰：“凡作箴須用官箴王闕之意，各以其官所掌而為箴辭。如《司隸校尉箴》，當説司隸箴人君，振紀綱，非謂使司隸振紀綱也。如《廷尉箴》，當説人君謹刑罰，非謂廷尉謹刑罰也。”

箴尾須依《虞箴》“獸人司原，敢告僕夫”之類。止是隨題目改。如《上林清臺箴》則云“史臣司天”，《宗正箴》則云“宗臣司族”，《廷尉》云“官臣司刑”，《司隸校尉》云“官臣司直”，《太常》云“禮臣司典”。其下句“敢告”，隨韻改之。大抵如“敢告瞽御”“敢告僕夫”之類是也。

西山先生曰：“箴、銘、贊、頌，雖均韻語，然體各不同。箴乃規諷之文，貴乎有警戒切劘之意。詩《庭燎》《沔水》等篇，左氏《虞人箴》、揚子雲《百官箴》、《古文苑》。張茂先《女史箴》、白居易《續虞人箴》、柳公綽《太醫箴》、王元之《端拱箴》、《文粹》①中諸箴，時時反復熟誦，便知體式。”

箴者，下規上之辭，須有古人風諫之意。惟官名可以命題，所謂“百官箴王闕”，各因其職以諷諫。如出《周保章箴》，則當以敬天為説，其他皆然。又有非官名而出箴者，若宣室、上林、清臺之類。亦當引從規諷上立説。東萊先生《考工令箴》：“監於太宗，罷露臺役，一言興邦，萬杵咸息；監於中宗，肅然齋居，器械技巧，圭黍莫誣。”就用漢事可以為式。

---

① 文粹：當指宋人姚鉉所編《唐文粹》，其中有碑、銘、箴等方面的内容。

胡廣《百官箴叙》曰："箴諫之興，所由尚矣。聖君求之於下，忠臣納之於上。故《虞書》曰：'予違汝弼，汝無面從，退有後言。'墨子著書，稱《夏箴》之辭。"《文心雕龍》曰："揚雄稽古，始範《虞箴》，卿尹州牧二十五篇；及崔胡補綴，總稱《百官》。"所謂"追清風於前古，攀①辛甲於後代"。

銘式

序，云云。銘詩用韻語。諸墓銘式，已見前卷。此所紀宮室、器用等皆有銘文，例不可畧也，如張孟陽《劍閣銘》、柳宗元《塗山銘》之類。

擬銘之始

銘始於黃帝，漢《藝文志》：道家有《黃帝銘》六篇。應劭曰："盤盂諸書，黃帝史孔甲所作銘也。"禹銘筍簴，湯銘於盤。銘者，名也，因其器名書以為戒也。武王聞丹書之言，為銘十六。臧武仲曰："夫銘，天子令德，諸侯言時計功，大夫稱伐。"《文心雕龍》曰："夏鑄九鼎，周勒楛矢，令德之事也；呂望銘昆吾，仲山鏤庸器，計功之義也；魏顆景鍾，孔悝衛鼎，稱伐之類也。"蔡邕《銘論》曰："德非此族，不在銘典。"《詩傳》曰："作器能銘，可以為大夫。"《考工記》："嘉量有銘。"《文選序》曰："銘則序事清潤，陸倕《石闕》《漏刻》二銘皆有序。"張載《劍

---

① 攀：原作"舉"，誤，據《文心雕龍注釋·銘箴第十一》改。

閣銘》末云："勒銘山阿，敢告梁益"，則寓警戒之旨。隋杜正元舉秀才，擬燕然山、劍閣銘，杜正藏擬《弓銘》。唐崔渙還調吏部侍郎，嚴挺之施特榻試《彝尊銘》，謂曰："子清廟器，故以題相命。"建中三年進士別頭試《敧器銘》、興元元年《朱干銘》，則以銘試士尚矣。

擬銘之式

《文心雕龍》曰："箴貴確切，銘貴宏潤。事必覈以辨，文必簡而深。"

朱文公曰："武王諸銘，有切題者，如《鑑銘》是也。亦有不可曉者，古人只是述戒懼之意，隨所在寫以自儆。今人為銘，要就此物上說得親切，如《湯盤銘》之類。"

擬記之始

記者，記事之文也。西山先生曰："《禹貢》《武成》《金縢》《顧命》，記之屬似之，《文選》止有奏記而無此體，《古文苑》載後漢樊毅《修西嶽廟記》，其末有銘，亦碑文之類。至唐始盛，獨孤及《風后八陣圖記》後擬題做之。"

擬記之式

凡作文字，先要知格律，次要立意，次要語贍。所謂格律，但熟考《總類》可也。所謂立意，如學記泛說尚文，是無意也，須就題立意，方為親切。柳子厚《柳州學記》"說仲尼之道，與王化遠邇"，此兩句便見嶺外立學，不可移於中州學校也。所謂語贍，如韓退之《南海神廟文》"乾端坤倪，軒豁呈露"一段、老蘇《兄渙字序》說風水一段是也。雖欲語贍，而不可太長，謂專事言語，不可近俗，不可多用難字。熟看韓、柳、歐、蘇，先見文字體式，然後徧考古人用意下句處。

又須作一册編，體制轉換處不拘古文與今文，大畧編之。如《喜雨亭記》"亭以雨名，志喜也"，《柳州①文宣王廟碑》"仲尼之道，與王化遠邇"，似此之類，此作記起頭體制也。歐公《真州發運園記》②中間一節，此記中間鋪叙體制也。柳公③《萬石亭記》附零陵故事之類，此記末後體制也。

記序以簡重嚴整為主，而忌堆疊窒塞；以清新華潤為工，而忌浮靡纖麗。《文心雕龍》曰："思贍者善敷，才覈者善删。善删者字去而意留，善敷者辭殊而義顯。字刪而意缺則短，辭敷而言重則蕪。綜學在博，取事貴約。"

朱文公曰："記文當考歐、曾遺法，科簡刮摩，使清明峻潔之中自有雍容俯仰之態。"又曰："歐文敷腴溫潤，南豐文峻潔，坡文雄健。"水心曰："如歐公《吉州學》《豐樂亭》，南豐《擬峴臺》《道山亭》，荆公《信州興造桂州修城記》。"

張文潛曰："文人好奇者，或為缺句斷章，使脈理不屬；又取古人訓詁希於見聞者，衣被而說合之，反覆咀嚼，卒亦無有；

---

① 州：原文闕，據《柳河東集》補。
② 《真州發運園記》：當指歐陽修所撰記真州"發運使之治所"的《真州東園記》，載《歐陽永叔集》卷四〇。
③ 公：原文闕，據文意及前文"歐公"例補。

此最文之陋也。"石林曰:"今世文章,只是用換字減字法。"

張伯玉《吳郡六經閣記》云:"六經閣,諸子百家皆在焉。不書,尊經也。"

元祐中,新作御史臺,詔曾子開為記,其畧曰:"責人非難,責己為難云云。惟其不難於責己,則施於責人,能稱其任矣。苟異於是,得無餒於中哉。"世以為名言。

贊式頌說附後。

序,云云。贊曰,云云。

擬贊之始

贊者,贊美、贊述之辭。《文選序》曰:"圖像則贊興。"《文章緣起》曰:"司馬相如作《荆軻贊》。"班史以論為贊,范瞱更以韻語。《隋志》曰:後漢魯、廬江有名德先賢之贊。蜀楊戲著《季漢輔臣贊》,漢明帝殿閣畫陳思王為贊。夏侯湛《東方朔畫贊》序云云。乃作頌焉,其辭曰云云。袁宏《三國名臣序贊》序,云云。故復撰序所懷以為之贊。云云。先序後贊,與今體相類。唐建中二年進士,以箴、論、表、贊代詩賦,此試贊之始。《中興書目》云:"顧雲《鳳策聯華》三卷,有《補十八學士寫真像贊》《安西都護府重築碎葉城碑》,皆因舊事而作。"

擬贊之式

西山先生曰："贊頌皆韻語，體式類相似。贊者，贊美之辭。頌者，形容功德。然頌比於贊尤貴贍麗宏肆。須鋪張揚厲，以典雅豐縟為貴。昌黎《聖德詩》，徂徠《慶曆頌》，此正格也，其用事造語最忌塵俗，須讀熟三百篇，博觀司馬相如、揚雄諸賦與夫漢《郊祀歌》，《文選》所載《二京》《三都》《七啟》《七發》之類，及韓、柳文韻語文字，則筆下自然豐腴矣。"

頌式

序云云。頌曰。云云。如韓愈《元和聖德詩》、柳宗元《平淮夷雅》之類。

擬頌之始

《詩》有六義，六曰頌。《莊子》曰："黃帝張《咸池》之樂，有焱氏為頌。"《文心雕龍》曰："帝嚳之世，咸墨為頌，以歌《九韶》。商周及魯皆有頌，所以游揚德業，褒讚成功。"隋杜正元舉秀才，擬《聖主得賢臣頌》。唐開元十一年，進士試《黃龍頌》，十五年試《積翠宮甘露頌》。宋朝淳化三年，楊億於學士院試《舒州進甘露頌》，遂賜及第。則試頌尚矣。《宋書》曰：鮑照"為《河清頌》，其序甚工"。頌詩有序，亦不可畧也。有終篇同韻者，如《元和聖德詩》；有四句換韻者，如《平淮西碑》。箴、銘、贊倣此。

擬頌之式

《文心雕龍》曰："擬《清廟》，範《駉那》。""崔瑗《文學》，蔡邕《樊渠》，並致美於序，而簡約乎篇"，"取鎔經意"，"自鑄偉辭"。又曰："賈誼、枚乘，兩韻輒易。劉歆、桓譚，百句不遷，亦各有其志也。昔魏武論賦，嫌於積韵，而善於資代。陸雲亦稱四言轉句，以四句為佳。"① 金樓子曰："班固碩學，尚云贊、頌相似。"

序式

末云②：
故其贈行，不以頌而以規。
作送某序。
公於是作歌詩以美之，命屬官咸作之，命某序之。
於是③登第而歸，將榮於其鄉也，能無說乎？
慶復人之將蒙其休澤也，於是乎言。
故有以贈童子。

---

① "兩韵輒易"原作"兩句輒易"，"魏武論賦"原作"魏武論詩"，"善于資代"原作"善于貿代"，"四言转句"原作"四句轉韻"，均據《文心雕龍注釋》卷七《章句第三十四》改。
② 本節"末云"以下原為雙欄小字注文，列舉前人序文最末一句，今改為正文，並根據出處分段。
③ 是：原作"其"，誤，據《韓昌黎集》改。

工乎詩者，歌以係之。

於其別，申以問之。

於其行，姑與之飲酒。

於其行，姑以是贈之。

書以為《荊潭唱和詩序》。

酒壺既傾，序以識別。

於是相屬為詩，以道其行云。

於是咸賦詩以贈之。

重生之還者，皆為詩，某最故，故又為序云。

遂各為歌詩六韻，退，某為之序云。

皆相勉為詩以推大之，而屬余為序。

俾余題其首。以上韓退之[①]。

遂述其制作之所詣，以繫於後。

於其序也，載之其末云。

某直而甚文，樂君之道，作詩以言。余猶某也，故於是乎序焉。

故為詩以重其去，而使余為序。

故詩而序云。

其道美矣，故余繼之以辭。

遂繫之而重以序。

於其往也，故賞以酒肉，而重之以辭。

行哉行哉，言止是而已。

獻之酒，賦之詩而歌之，坐者從而和之，既和而序之。

---

① 以上韓退之：據光緒四年讀有用書三刊王芑孫評《金石三例》本補。

於是編其餞詩若干篇，紀於末簡，以貺行，李遂抗手而別。

以吾子見私於僕，而又重其去，故竊言而書之，而密授焉①。

於將行而問以言，敢以變君之志。

余用是得不繫其說，以告於他好事者。

故為之言。

於其辭而去也，則書以畀之。

故於其去，不可以不告也。柳子厚。

擬序之始

序者，序典籍之所以作也。《文選》始於《詩序》，而《書序》《左傳序》次之。

擬序之式

東萊先生曰："作記序，若要起頭省力，且就題說起，謂如《太宗金鑑書序》，則便說太宗皇帝。云云。說鑑治亂賢不肖之意。如《花萼相輝樓記》，則便說唐玄宗明皇帝。云云。說兄弟友悌之意，不可泛說功德。須便入題意。"

書目有異同者，如南豐《戰國策目錄序》末云：此書有高誘注者二十一篇，或云三十二篇。《崇文總目》存者八篇，今存者十篇云。

---

① 焉：原文作"馬"，誤，據《柳河東集》卷二五《送婁圖南秀才游淮南將入道序》改。

卷數有序於首者，如唐《開元禮序》云："明皇帝之十四年，云云。為《開元禮》一百五十卷"是也；有序於末者，如唐《大衍曆序》云："其書有《曆衍》七篇、《曆議》十篇、《畧例》一篇云"是也。

夫序由《詩》《書》《左傳》有序，故說者謂序典籍之所以作。大抵序以善序事理為上，如後世贈送、燕集等作，隨事以序其實。觀古人制作，其體式可概見矣。

諸跋

跋者，隨題以贊語於後者也。或前有序引，當掇其有關大體者，立論以表章之。須要明白簡嚴，不可墮入窠臼。古人跋語不多見，至宋始盛，觀歐、蘇、曾、王諸作，則可知矣。

郝伯常先生編類《金石八例》

世系　名字　始起　建功立事　年壽　薨卒　殯葬　銘辭

蒼崖先生十五例

入作造端　名字族姓　鄉貫　世次先德　文學藝能　仕進歷官　政迹功德　享年卒葬　生娶嫁女　總述行迹　作碑誌　銘辭　孤弱　祠廟原始　立廟祠祭

右先生《金石例》，皆取韓文類緝以為例，大畧與徐秋山《括例》相去不遠。若再備錄，似為重複，故止記其目於此云。

金石例卷十

史院纂修凡例凡二十七條。

聖旨詔制

凡已經翰林院潤飾者，並全書。其有直言直語者，只先作隨所見聞，叙其事情條格，末却書云："是日詔諭中外。"

元正朝賀

如御正殿，則書上御正殿，受諸王百官朝賀。或改日，或免賀正日，必書其故。或在行，則書上駐蹕某所，扈從臣僚，便賀於行宮。

外國來賀

於賀下連書以次引見諸國使,人如常儀。若止是一國,則曰某國遣其某官臣某來賀。其有朝辭日,分隨日月書。

車駕飛放

書某日上畋於近郊,至每日移駐蹕之地亦書。及還宮,則書上還宮。

車駕行幸

某日車駕幸上都,每日駐蹕,隨事有可書者則書之,至上都,則書。及還大都,則書車駕還大都。駐蹕亦隨事見,至大都則書上還宮。若事蹟中不見,則不書。

嶽瀆降香

某日遣使持香祠五嶽、四瀆、后土,如衡山始入版圖,東海、南海始遣使皆書。至嶽、瀆、海加封,則先書加五嶽、四瀆、四海封號。某神加某號詳書之,畢却書分遣使臣奉制辭、香、幣祠於廟所。如西海、北海附祭,亦合書於初年,後不復書。或專遣一使徧行,則特書。

聖節朝賀

今書聖誕節某日受朝賀，則同元日書。

諸王稱號

親王除有封爵者，書其爵，諸王並稱親王。其有昭穆可考者，雖無封爵，直書某昭穆小名。

皇屬除拜

皇屬前有內職者，書立某。封某氏為皇后，自外選內者，書納皇后某氏。太子，書立某王為皇太子。公主出嫁，並稱下嫁。

內庭宴集

為某王某國來朝，設宴則書，餘則否。

大會諸王

緣故有所考則書。

神祇祭享

本朝無郊社，如灑馬乳①之類，事蹟中可見則書，社新立則書。始建社稷於國西，宗廟每歲一享，則書享於太廟，攝獻官隨所見書。如燒飯等，亦隨所見書。僧道祈禳，隨事蹟擇其大者書之。

百官拜罷

左右丞相則書拜，平章則云以某官平章政事，左右丞則云以某人為某官，參政則云以某官參知政事。罷則書罷，因功罪則各書其下，貶降、竄籍、誅殺皆書。

百官除目

三品以上則書，其間有因事得官，或特旨與官者，不當以品數論，當悉書之。

---

① 《新元史》卷八一《禮一》云："蒙古拜天之禮最重，國有大事則免冠解帶跪禱於天。憲宗二年秋八月八日，始以冕服拜天於日月山。是年十二月，又用孔元措言，合祭昊天后土，始作神位，以太祖、睿宗配享。四年秋七月，祭天於日月山。七年秋，駐蹕於軍腦兒，灑馬乳祭天。"《元史》卷三九《順帝二》謂，至元三年七月"丁未，車駕幸龍岡，灑馬乳以祭"。

蒙古言語

有合書者，則云為國朝語。

誅殺罪人

前代殺當其罪者，書某人伏誅。其不當者，書殺某人。其大辟，則歲終書是歲斷死刑幾人。或有奏讞出入者，則附書其下。

錫賚犒勞

當書緣故，前代多是銀絹錢帛，今多有細色緞子之類，隨事實書。又銀與鈔例合以兩及貫計，不須計定數，其餘賜當從其實。

甲子日分

前史並書甲子，不書日分。近所草定兼日分，姑欲易見耳。今各精攷甲子，悉刪去日分。

天地災異

京師所見則皆書，偏方或見有成災者則皆書，餘則否。

奏除臣僚

內有奏而不允者，必書其故，無故者否。

奏對陳言

臣下言事，有關於大體者，雖不准亦書。

陞加散官

初授散官，各官合與備書。其後隨職例陞者不書，或隨職降者則書。不遷職，止陞散官者，則書加某官。

征伐收撫

如平定諸國，初則書命某人率師伐某，其後次第悉書，至入國都，則書某國平。下併書己行事實，或有反叛則書何地某人反，命某人率師討之，其後次第悉書，至賊破敗畢，則書賊平。上親征者亦然。

外國君長

外國不相屬時，則書某國主某殂，立則書某國主某立。自朝廷立之者，則書某國王某卒，立某人為某國王。未封王者書世子。

營造工作

宮殿皆書，寺觀亦書。器物關朝廷用度者則書，餘則否。

臣下奏事

凡中書省官同奏，則稱中書省官奏，臺院亦同。如一二人奏，則直指其人；或其他有司令省中奏，則稱中書省轉奏某人言某事；或左右近人奏，亦直書某人奏某事，其後得旨，可之則稱從之。有一日奏數事，則類事於後稱並從之，否則書不允。有旨，並載於下。啟皇太子稱令旨准，否則稱令旨不從。

臣僚薨卒

宰相重臣書薨，餘俱書卒。

先文僖公所著《金石例》十卷，制度文辭，必稽諸古，所以模範後學者也。每見手澤，不忍釋去。與其私於一家，孰若公於天下，傳之子孫？孰若法之人人，使咸知先公之心？去浮靡以還淳古，顧不韙與？謹刻之梓，嘉與士大夫共之。

至正五年春三月望，濟南潘詡敬書於卷末。

此書元刻於濟南，文僖之子刊定。重刻於鄱陽，王思明校正。三刻於龍宗武，摹泰和楊寅彌抄本，此從鄱陽本錄出，故有思明叙。

墓銘舉例 四卷

〔明〕王行 撰

四庫全書提要

　　臣等謹案：《墓銘舉例》四卷，明王行撰。行字止仲，長洲人，洪武初辟為本郡文學。行以墓誌銘書法有例，其大要十有三事：曰諱，曰字，曰姓氏，曰鄉邑，曰族出，曰行治，曰履歷，曰卒日，曰壽年，曰妻，曰子，曰葬日，曰葬地。序次或有先後，不越此十餘事耳。取韓愈、李翱、柳宗元、歐陽修、尹洙、曾鞏、王安石、蘇軾、朱子、陳師道、黃庭堅、陳瓘、晁補之、張耒、呂祖謙一十五家之文所載碑誌，錄其目而舉其例，以補元潘昂霄《金石例》之遺。墓誌之興，或云宋顏延之，或云晉王戎，或云魏繆襲，或云漢杜子夏，其源不可詳考。由齊、梁以至隋、唐諸家，文集傳者頗多，然詞皆駢偶，不為典要。惟韓愈始以史法作之，後之文士率祖其體，故是編所述以愈為始焉。

　　　　　　　　　　乾隆四十二年五月恭校上。
　　　　　　　　　　總纂官臣紀昀、臣陸錫熊、臣孫士毅。
　　　　　　　　　　總校官臣陸費墀。

墓銘舉例卷一

凡墓誌銘書法有例，其大要十有三事焉：曰諱，曰字，曰姓氏，曰鄉邑，曰族出，曰行治，曰履歷，曰卒日，曰壽年，曰妻，曰子，曰葬日，曰葬地，其序如此，如韓文《集賢校理石君墓誌銘》是也。其曰姓氏，曰鄉邑，曰族出，曰諱，曰字，曰行治，曰履歷，曰卒日，曰壽年，曰葬日，曰葬地，曰妻，曰子。其序如此，如韓文《故中散大夫河南尹杜君墓誌銘》是也。其他雖序次或有先後，要不越此十餘事而已，此正例也。其有例所有而不書、例所無而書之者，又其變例，各以其故也。今取韓文所載墓誌銘，錄其目而舉其例于各題之下，神道碑銘亦舉之。又於李文公、柳河東二家之文，拔其尤以附於後，用廣韓文之例焉。

韓文公文六十六首

墓誌銘五十三首

墓碣二首

殯表一首

神道碑銘十首

《集賢院校理石君墓誌銘》

右誌，正例書也。

《故中散大夫河南尹杜君墓誌銘》

右誌，正例書也。詳書世胄，重其族之大也，又一例也。

《太原參軍苗君墓誌銘》

右誌，正例書也。書季子生卒後，紀實也，不舉以為例，以非嫡長之重也。

《國子助教河東薛君墓誌銘》

右誌，正例書也。

《唐故江西觀察使韋公墓誌銘》

右誌，正例書也。詳書兩娶之父祖，兩娶皆先卒，故於此見焉，又一例也。

《唐正議大夫尚書左丞孔公墓誌銘》

右誌，正例書而稍變也。

《唐故昭武校尉守左金吾衛將軍李公墓誌銘》

右誌不書姓，宗室也。元配書遠祖，顯也，又一例也。兩娶，析書其子女，又一例也。凡不書姓，宗室也，名門也，鉅族也，貴戚也，顯家也。五者人所習聞而易知也。五者之外，又有已見於題而不書者。蓋題實文之綱，文固題之目。綱既舉之，在目有可畧之理。此又不書姓之通例也。然署其姓者，其序族出多詳焉。

《中大夫陝府左司馬李公墓誌銘》

右誌不書姓，宗室也。

《唐故秘書少監贈絳州刺史獨孤府君墓誌銘》

右誌不書姓，名門也。書妻之父祖，顯也。

《柳子厚墓誌銘》

右誌不書姓，名門也。書子不書妻，畧也。子厚初娶楊憑女，先十七年卒，無子，不果再娶，子蓋微出也，又一例也。題不書官，其字重於官也，又一例也。

《唐故河南令張君墓誌銘》

右誌不書姓，名門也。卒不書日，畧也。凡誌一作例。之所畧者，以非所重也，如書諱而不書字，書卒而不書日，書葬而不書地之類，又一例也。

《虢州司戶韓府君墓誌銘》

右誌不書姓，名門也。諱而不字，畧也。詳其父而畧其身，又一例也。

《唐故朝散大夫商州刺史除名徙封州董府君墓誌銘》

右誌不書姓，顯貴家也。詳敘其弟，賢之也，又一例也。

《唐故檢校尚書左僕射右龍武軍統軍劉公墓誌銘》

右誌不書姓，顯貴家也。書其子曰"學於樊宗師"，重紹述也，又一例也。

《殿中少監馬君墓誌銘》

右誌不書姓，顯貴家也。不書字，卒不日，葬不日，不地，不書妻，重在敘其世舊，故畧也。無銘詩，亦畧也。然銘亦不必皆詩，文即銘焉耳，又一例也。

《處士盧君墓誌銘》

右誌不書姓，畧也。書子不書妻，或未娶也。不然，同《柳子厚誌》例也。

《故江南西道觀察使贈左散騎常侍太原王公墓誌銘》

右誌不書姓，畧也。特書母郡氏、贈號，又一例也。

《唐故朝散大夫尚書庫部郎中鄭君墓誌銘》

右誌不書姓，畧也。書母氏，因事也。析書兩娶之子女，同《昭武校尉李公誌》例也。

《崔評事墓誌銘》

右誌不書姓，畧也。書子而不書名，亦畧也。誌中多有之而不舉者，不足以為例也。

《故幽州節度判官贈給事中清河張公墓誌銘》

右誌卒不日，畧也。書妻之父祖，以妻之孝順祗修，故詳其所自出，又一例也。

《唐故朝散大夫越州刺史薛公墓誌銘》

右誌書母氏，因事也。姓見銘詩中，又一例也。

《河南少尹裴君墓誌銘》

右誌姓見銘詩中，同《越州刺史薛公誌銘》例也。

《施先生墓誌銘》

右誌不書字，葬不日，畧也。有子而書其寮買石誌其墓，雖紀實，又一例也。前既書韓一作諱，訛。某為之辭曰云云，後又書系曰云云，則所謂辭者，誌也；所謂系者，銘也。不曰銘而曰系，又一例也。世系、鄉邑、葬地見銘詩中，又一例也。題不書官而書先生，從諸生之稱也，又一例也。

《考功員外盧君墓銘》

右誌不書字，卒不日，畧也。書妻之父祖，妻同葬也。無銘詩，亦畧也。此合葬誌也，誌載夫人內德并及其父祖，而題不書合葬，此正例也。無銘詩而題曰墓銘，又一例也。

《襄陽盧丞墓誌銘》

右誌不書字，卒不日，無銘詩，畧也。官則連父祖之官書於誌中，諱又連父祖之諱書於誌末，又一例也。

《試大理評事王君墓誌銘》

右誌不書字，畧也。

《故太學博士李君墓誌銘》

右誌不書字，不書族出，無銘詩，畧也。重在論服食而致誠也，又一例也。

《登封縣尉盧殷墓誌銘》

右誌不書字，不書族出，無銘詩，畧也。題書其名，又一例也。

《唐故河南府王屋縣尉畢君墓誌銘》

右誌不書字，畧也。

《故貝州司法參軍李君墓誌銘》

右誌遠書世系，而不書父，不書壽年，卒不日，無銘詩，畧也。重在紀其世、著其德、識其葬也。舉三綱而後目之，又一例也。曰壙，曰墳，曰窆，各謹書其日，又一例也。

《李元賓墓誌銘》

右誌不書族出，卒不日，葬不日，不書妻子客葬，畧也。云書石以誌，則非刻石也。雖紀實，又一例也。

《南陽樊紹述墓誌銘》

右誌卒不日，葬不日、不地，不書妻子，重在論其文，故畧也。題不書官，同《柳子厚誌》例也。

《興元少尹房君墓誌銘》

右誌卒不日，畧也。

《唐故虞部員外郎張府君墓誌銘》

右誌書母封，因事也。卒不日，葬不日，無銘詩，畧也。

《韓滂墓誌銘》

右誌卒不日，葬書"既殮七日"，而不書其日，畧也。

《鳳翔隴州節度使李公墓誌銘》

右誌書母封氏，因事也。書妻之父祖，以妻賢有法度，故詳其所自出，同《幽州節度判官清河張君誌》例也。

《殿中侍御史李君墓誌銘》

右誌書母氏，因事也。

《貞曜先生墓誌》

右誌書母氏，因事也。題不書官與姓，而書先生，從謚者之志，尊之也，又一例也。

《河南少尹李公墓誌銘》

右誌特書母郡氏，同《江南西道觀察使太原王公誌》例也。書妻之曾祖，以其有大名，且妻同葬也，而不及其父，畧也。

《唐故國子司業竇公墓誌銘》

右誌詳敘其兄弟所歷官，以其皆有才名，又一例也。世系見銘詩中，同《施先生銘》例也。

《唐朝散大夫贈司勳員外郎孔君墓誌銘》

右誌詳書敘其兄弟，同《國子司業竇公誌》例也。

《唐河中府法曹張君墓碣銘》

右碣書妻之父祖，以其世有衣冠，且因妻之辭以銘，故詳其所自出，同《幽州節度判官清河張君誌》例也。無銘詩，畧也。

《清河郡公房公墓碣銘》

右碣卒不日，葬不日、不地，畧也。書子不書妻，或未娶也。不然，同《柳子厚誌》例也。

《監察御史元君妻京兆韋氏夫人墓誌銘》

右誌書母之父祖，顯也，又一例也。書夫之履歷，誌一作論。

婦人之通例也。子女見銘詩中，又一例也。

《息國夫人墓誌銘》

右誌不書諱，婦人重在姓，故或畧之也，又一例也。銘書其夫男女七人，而惟叙夫人所生之男女，詳嫡而畧庶，又一例也。題書封而不書氏，榮其封也，又一例也。

《楚國夫人墓誌銘》

右誌銘不書諱，題書封而不書氏，同《息國夫人誌》例也。世系見銘詩中，同《施先生銘》例也。

《扶風郡夫人墓誌銘》

右誌銘不書諱，題書封而不書氏，同《息國夫人誌》例也。卒不日，葬不地，畧也。

《河南緱氏主簿唐充妻盧氏墓誌銘》

右誌書母氏，因事也。題書其夫名，又一例也。

《四門博士周況妻韓氏墓誌銘》

右誌書母氏，因事也。卒不日，葬不日，一云卒葬皆不日。畧也。題書其夫名，同《緱氏主簿唐充妻盧氏誌》例也。

《河南縣令韓愈乳母李氏墓誌銘》

右誌不書族出，微也，又一例也。無銘詩，畧也。臨邛韓氏曰："葬乳母而為之銘，自公始也"，又一例也。

《女挐壙銘》

右題書壙銘，又一例也。

《河南府法曹參軍盧府君夫人苗氏墓誌銘》

右誌序畧而銘詳，又一例也。

《試大理評事胡君墓銘》

右銘無序，又一例也。

《盧渾墓誌銘》

右銘無序，同《大理評事胡君銘》例也。銘惟吉當作告。慰之辭，無所序述，又一例也。題書其名，非例也，適其可也。

《施州房使君鄭夫人殯表》

右表，實銘詩也。銘宜詩，而墓表一作銘。有用文者；表宜文，而此表乃用詩焉。皆變例也。殯而有表，又一例也。

《曹成王碑》

右碑不書卒日、葬日，不書妻，畧也。凡墓碑皆立于既葬之後，如此碑之立，王薨已二十五年，蓋葬時已自一無自字。有誌矣，故特書其大者耳。大者，謂世系也，名行也，功業也。

《唐故相權公墓碑》

右碑正例書也。官位爵諡也，所宜詳焉，此墓碑之例也。

《唐銀青光禄大夫守左散騎常侍致仕上柱國襄陽郡王平陽路公神道碑銘》

右碑正例書也。

《司徒兼侍中中書令贈太尉許國公神道碑銘》

右碑正例書也。書母氏封，因事也。書母之兄，以少依舅氏故也。題書官封而不書姓，又一例也。

《唐故河東節度一本此下有使字。觀察使滎陽鄭公神道碑文》

右碑正例書也。書母郡氏，因事也。銘而曰系，同《施先生銘》例也。不用詩而議論，以感歎焉，又一例也。

《唐故江南西道觀察使中大夫洪州刺史兼御史中丞上柱國賜紫金魚袋贈左散騎常侍太原王公神道碑銘》

右碑正例書也。凡神道碑銘與墓誌銘有不同者：墓誌銘宜簡而要，神道碑銘宜雅而詳。以《太原王公神道碑銘》與《太原王公墓誌銘》《劉統軍碑》與《統軍劉公墓誌銘》考之可見也。

《劉統軍碑》

右碑詳書階官、封爵、食邑、贈官於敘事之首，以其所終者始之，所以侈其榮也，又一例也。而銘詳序署，序所宜敘者，銘中銘之，又一例也。

李文公文九首

墓誌銘七首

神道碑二首

《唐故福建等州都團練觀察處置等使兼御史中丞贈右散騎常侍獨孤公墓誌》

右誌不書姓，名門也。書父謐而不書諱，又署例之變也。云未仕而夫人卒，則妻卒幾二十年矣，而書子生九歲，則子蓋微出也，又一例也。比韓文《柳子厚誌》例，此尤著明也。

《故處士侯君墓誌》

右誌不書族出、壽年、卒日、葬日，不書妻，無銘詩，署也。重在敘其意氣文辭也。君嘗仕矣，而題書處士者，蓋三縣皆攝，仕猶不仕，不足以浼其高也，又一例也。

《兵部侍郎贈工部尚書武公墓誌》

右誌既書丁尊夫人憂，再期服除，又書母夫人暴卒，則所謂母夫人，蓋其生母也。按韓文墓誌無書生母者，而此書之，又一例也。然亦因事，非特書也。

《故河南府司錄參軍盧君墓誌銘》

右誌不書姓，名門也。書卒日而不書年，書葬而不書日，署也。

《叔氏墓誌》

右誌序畧而嚴，重在書其葬日也。書於兹而不書其地，即其地以實之也，又一例也。銘惟哀其野殯，與慰其客葬之辭，無所叙述，同韓文《盧渾誌》例也。

《故懷州録事參軍武氏妻傅氏墓誌》

右誌不書諱，同韓文《息國夫人誌》例也。無銘詩，權葬畧也。題書其夫不曰君而曰氏，又一例也。

《故朔方節度掌書記殿中侍御史昌黎韓君夫人京兆韋氏墓誌銘》

右誌書夫人姓京兆韋氏，冠姓氏一作字。於鄉邑之上，而以氏次之，又一例也。不書諱，同《武氏妻傅氏誌》例也。書弗克祔於夫之族，而依於女子氏之黨，紀實也。然非禮也，故曰權道也，且將有待也，又一例也。

《唐故特進左一作右。領軍衛上將軍兼御史大夫平原郡王贈司空柏公神道碑》

右碑葬不日，畧也。

《唐故橫海軍節度齊棣滄景等州觀察處置等使金紫光禄大夫上柱國貝郡開國公食邑二千戶贈左僕射傅公神道碑》

右碑題書官、階、勳、爵甚詳，而序多畧，又一例也。蓋題為綱，文為目，綱既詳之，而目則畧者，嫌於辭之繁也。其綱舉其要而目致其詳者，如韓文《唐故河東節度觀察使滎陽鄭公神道碑文》之類是也。然綱畧而目詳者其常，綱詳而目畧者其變，故曰又一例也。按神道碑，其題有二，有碑額之題，有碑文之題。碑額之題簡，碑文之題詳。蓋既題其額，又題其文也。故韓文有録其碑額之題者，有録其碑文之題者。碑額之題，如《曹成王碑》《劉統軍碑》之類；碑文之題，如《唐銀青光禄大夫守左散騎常侍致仕上柱國襄陽郡王平陽路公神道碑銘》《唐故江南西道觀察使中大夫洪州刺史兼御史中丞上柱國賜紫金魚袋贈左散騎常侍太原王公神道碑銘》之類是也。若蘇文忠公所謂碑身上更不寫題，古一作右。制如此。又謂碑只用大額，向下小字直寫文辭，不須寫題目者，施於《宸奎閣碑》與《經藏碑》耳，非謂墓碑也。公又嘗與人簡云："墓表小字中亦有題目，額上不當復云墓表，故別寫四大字，以備或用也。"① 以此推之，墓碑用兩題可見矣。墓碑銘始於漢，洪适《隸釋》所載俱有額無題，惟《樊安碑》首行有題無額。額字有多至二十餘字者，題額之簡，非例也。既題額又題文，亦非例也。文忠實通言之耳，"別寫四大字"者，變也。

柳河東文二十七首

墓誌銘一十三首

墓碣二首

權厝誌三首

誌殯一首

續墓誌一首

墳記一首

---

① 這句話是蘇軾寫給劉義仲（字壯輿，官至國史檢討）信中的內容，此信以《與檢討書六首》收入南宋劉元高編《三劉家集》，今人整理的《蘇軾文集》卷五三《與劉壯輿六首》也是此信內容。文中"墓表小字"後的"中"字、"以備或用"四字據以上二集補。

墓甎記一首

墓誌石蓋文一首

墓表二首

墓版一首

神道表一首

《唐故邕管經略招討等使朝散大夫持節都督邕州諸軍事守邕州刺史兼御史中丞賜紫金魚袋李公墓誌銘》

右誌世系用宗法書，以其代有土田也，又一例也。

《故試大理評事裴君墓誌》

右誌三代以昭穆書，又一例也。書"未果娶"，而書"男子二人、女一人"，則男、女微出也，又一例也。比韓文諸不書妻例，此尤著明矣。

《故秘書郎姜君墓誌》

右誌不書妻而書"子某"，"母曰雷姬"，此墓誌中書妾媵例，又正例之再變也。

《故襄陽丞趙君墓誌》

右誌叙其履歷甚畧，重在書其子之協，卜而得殯，所以著其孝感也。

《覃季子墓銘》

右銘例所宜有，皆畧之，重在序其著書，與歎其不顯也。

《東明張先生墓誌》

右誌不書字，不書壽年，書卒之歲月而不日，畧也。按韓文無書生者，此書"生天寶"，又一例也。然因其命弟之辭，又不著其歲，非特書也，題繫其所居而書先生，非例也，學黃老者之常稱也。

《箏郭師墓誌》

右誌序之所序重在其善音也。壽年、葬日見銘詩中，同韓文《施先生銘》例也。書其藝於題之端，又一例也。

《亡友故秘書省校書郎獨孤君墓碣》

右碣詳記其友之知名者於後，與《先君石表陰先友記》同意，又一例也。無銘詩，畧也。題書亡友以表之，又一例也。

《故御史周君碣》

右碣惟叙其以諫而死一事，此所謂立石者也，他非所重，故多畧也。

《先太夫人河東縣太君歸祔誌》

右誌銘其母之葬也。無銘詩，非畧也，不忍詩而銘之也，又一例也。題書歸祔，又一例也。

《伯祖妣趙郡李夫人墓誌銘》

右誌不書諱，同韓文《息國夫人誌》例也。既叙其世系族出矣，又書其夫之世系族出，特加詳焉。蓋婦人以從人為貴，內夫家，故叙夫姓為尤備，又一例也。

《叔妣吳郡陸氏夫人誌文》

右誌書諱，又書字，正例之備者也。不書其夫之諱，蓋已表其墓而書之矣，故誌末云："恭惟仲父之諱，夫人之爵齒，備於版文，今不書，懼再告也。"① 然韓文誌婦人，亦不皆書其夫之諱，則又其通例也。無銘詩，畧也。

《朗州員外司户薛君妻崔氏墓誌》

右誌詳書其夫之世系族出，同《伯祖妣趙郡李夫人誌》例

---

① 原文"夫人"之上有"與"字，據《柳河東集》卷一三刪。

也。先書其夫之他姬子男某、女某，後書其子男某、女某，所以別先後、明嫡庶也，又一例也。

《趙羣秀才墓誌》

右誌銘而不序，同韓文《試大理評事胡君銘》例也。題書其名，雖非例，亦韓文《盧渾墓銘》之類也。

《故永州刺史崔君權厝誌》

右誌既書"二孤溺死"，又云"今尚有五丈夫子"，則子蓋七人也，而惟二孤書名，權厝畧也。族出、諱字、壽年見銘詩中，同《箏郭師誌》例也。權厝有誌，又一例也。

《故連州員外司馬淩君權厝誌》

右誌不書族出，不書壽年，不書葬日，權厝畧也。

《誌從父弟宗直殯》

右誌卒不書日，而云元和十年七月病，又云"是月二十四日出①殯"，死七日矣。以七日與二十四日推一作權。之，則卒日可見矣，又一例也。誌某人殯，又一例也。

《續滎澤尉周當作崔。君墓誌》

右誌題書曰續，蓋以續太傅崔《集》無崔字。祐甫之辭也，故惟叙其緩葬之故，與著其終事之年月日，而他不之及也。按韓、李文無所謂續誌者，而此有焉，又一例也。無銘詩，非畧也，無所事于銘也，又一例也。

《亡姑渭南縣尉陳君夫人權厝誌》

右誌不書諱，同《伯祖妣趙郡李夫人誌》例也。特書母郡氏，同韓文《故江南西道觀察使太原王公誌》例也。無銘詩，畧

---

① 出：據《柳河東集》卷一二補。

也。

《韋夫人墳記》

右記云:"袝而不合,大葬未利以俟",蓋實權厝誌也。其辭甚畧,而惟詳其厝之年月日,又一例也。題書墳記,又一例也。

《小姪女子—無子字。墓甎記》

右記實銘詩也而無序,同《趙羣秀才誌例》也。題書《墓甎記》,又一例也。

《亡姊崔氏夫人墓誌蓋石文》

右文云:"敢袝碑陰之義,假兹石而書焉"①,其辭則非正例也。其"為婦、為妻、為母之道",良人既為之誌而銘之矣,故惟叙其自知幼以至於笄之—作誌。為女之道焉,又一例也。

《唐故給事中皇太子侍讀陸文通先生墓表》

右表議論以發其端,而叙為《春秋》之學者互相排詆,所以歎聖人之難知,而著其《春秋集註》為有功也,又一例也。畧其履歷者,非所重也。按此例蓋以其所專重者,不可不詳;故於其不必兼詳者,不得不畧。又畧例之大者也,韓文凡四:《殿中少監馬君誌》《太學博士李君誌》云云,見補闕。

《故弘農令柳府君墳前石表辭》

右表詳序其大墓昭穆之位,又一例也。書妻之父祖,妻同葬也。

《故叔父殿中侍御史府君墓版文②》

右名—作書墓版,其實表也。首叙世系,同韓文諸神道碑例

---

① 假兹石而書焉:原作"假蓋石以書",據《柳河東集》卷一三改。
② 文:據《柳河東集》卷一三補。

也。其叙德履，云"其在閨門也""其在公門也"，則綱而目之。云修已之大經也、從政之大署也，"孝如方輿公""文如吳興守""正如衛太史""清如魯士師"，則目而綱之。又一例也。

《先侍御史府君神道表》

右表首叙世系，同《叔父府君墓版》例也。曰神道表，又一例也。表陰記其先友自袁高至張宣力凡六十七人，其末書云："先君之所與友，凡天下善士舉集焉。信讓而大顯，道博一作傳。而無襮，今之世言交者以為端。敢悉書所尤厚者，附茲石以銘於背。"同《亡友獨孤君碣》例也。蘇文忠公云，先友六十七人，考之於傳，卓然知名者，蓋二十人焉。邵太史云，子厚欲著其父，雖不顯，所交游者皆天下善士，故列其姓名官爵云。

右唐文三家凡九十八首七十二例。

按墓銘一作誌。不始於唐，而今舉唐人以為例者，何也？以八代之衰，又不足以據也。夫銘者，論撰其先祖之有德善、功烈、勳勞、慶賞、名聲以列於天下者也。雖銘之義稱美而不稱惡，以盡其孝子孝孫之心，然無美而稱之，是誣也。八代之文靡矣，其能免於誣乎！若韓子其文，與史遷相上下，而理則過之，其所論撰，得其正矣，今不取之以為法，將何所法哉！既取韓文以為法，非李、柳之文，又無可以附於韓，此所以舉三家以為之例也。

墓銘舉例卷二

文自東漢之衰，更八代而愈下。至唐韓文公始振而起之，以復於古焉。韓文公既為之倡，同時和之者惟李文公、柳河東而已。後二百年，至宋之盛，始復得穆參軍、蘇滄浪、歐陽公、尹河南相與溯而繼之，而歐公其傑然者，當時文風實為之變。從而和之者，日以浸盛，而南豐曾氏、臨川王氏、眉山蘇氏出矣。南渡以還，斯文之任，則在考亭焉。今墓銘一作誌。既舉韓文為之例，而間取李、柳之文廣之矣，故復取歐公而下數公之文之尤粹者附於後，蓋以廣三家之例也。

歐陽文忠公文三十一首

墓誌銘一十八首
墓碣一首
石槨銘一首
墓表三首
阡表一首
神道碑銘六首

塔記一首

《鎮安軍節度使同中書門下平章事贈中書令諡文簡程公墓誌銘》

右誌特書三代妣氏封。按唐三家墓誌，無書三代妣者，而公多書之，又一例也。

《張子野墓誌銘》

右誌特書三代妣氏封，同《文簡程公誌》例也。題不書官，以其魁傑賢豪，位不足以稱其才志，同韓文《柳子厚誌》例也。

《尚書都官員外郎歐陽公墓誌銘》

右誌三代，皆以廟室書，又一例也。

《資政殿學士、尚書户部侍郎簡肅薛公墓誌銘》

右誌序首既正書三代贈官已，序末復舉之，而詳三代妣氏之封焉，又一例也。

《太子太師致仕杜祁公墓誌銘》

右誌首書其世系之詳者，以"春秋諸侯之子孫，歷秦漢千有餘歲得①不絶其世譜，而唐之盛時公卿家法猶存於今者，惟杜氏"，同《韓文故中散大夫河南尹杜君誌》例也。

《尚書職方郎中分司南京歐陽公墓誌銘》

右誌序末書世系，自得姓名，歷叙其由漢而唐，以至高曾三代甚詳而遠者，蓋兄子自銘其叔父，故尤謹其家世也，又一例也。

《尚書虞部員外郎尹公墓誌銘》

右誌特書母氏封，同韓文《江南西道觀察使太原王公誌》例也。

《贈尚書度支員外郎張君墓誌銘》

右誌特書母氏封，同《虞部員外郎尹公誌》例也。姓見銘詩

_____
① 得：據《歐陽永叔集》卷三一補。

中，同韓文《唐故朝散大夫越州刺史薛公誌》例也。

《徂徠先生墓誌銘》

右誌書妻而不書氏，畧也。先生非隱者，其仕嘗位於朝矣，而題不書其官者，以先生魯人之所尊，故因其所居之山，以配其有德之稱，德重於其官也。不書姓，姓有不待書也。不書姓，謂題不書姓，序固云"姓石氏"也。

《尹師魯墓誌銘》

右誌不書族出，以嘗銘其父之墓而已詳之也。卒不日，畧也。題不書官，以其名重當世，天下之人，識與不識，皆稱之曰師魯故也。又一例也。

《梅聖俞墓誌銘》

右誌首叙其病死之詳，重其交游之盛也。特書兩母封氏，又一例也。題不書官，以字書，武夫、貴戚、兒童、野叟皆能道其名字，同《尹師魯誌》例也。

《太子中舍①王君墓誌銘》

右誌卒不日，畧也。詳於叙其子之好學有成也。世系、歷官、壽年見銘詩中，同韓文《施先生銘》例也。

《南陽主簿黄君墓誌銘》

右誌首書亡友以表之，同柳文《亡友獨孤君碣》例而稍變也。

《河南府司録張君墓誌銘》

右誌題下書曰："山東道節度使掌書記、知伊陽縣事天水尹洙撰。"而序末書云："渤海歐陽修為之銘。"又《張君改葬墓碣》亦曰："河南尹師魯誌其墓，廬陵歐陽修為之銘"，則此誌序乃洙

---

① 中舍：原作中舍人，據《歐陽永叔集》卷二九改。

為之，銘則公為之也。兩人共為一誌，又一例也。

《南陽縣君謝氏墓誌銘》

右誌不書諱，同韓文《息國夫人誌》例也。書其兄以時之聞人，同韓文《國子司業竇公誌》例也。

《長安郡太君盧氏墓誌銘》

右誌不書諱，同《南陽縣君誌》例也。專論五福，而夫人之履歷具焉，又一例也。銘辭嚴書葬日、葬地而不詩，又一例也。

《李夫人墓誌銘》

右誌不書諱，同《南陽縣君謝氏誌》例也。

《右監門衛將軍夫人李氏墓誌銘》

右誌不書夫姓，宗室也。

《河南府司錄張君墓碣》

右碣為其改葬而作，他無所述，獨敘其久故之情，而致感歎之意者，以嘗銘其墓也，又一例也。無銘詩，非畧也。蓋雖曰碣，實表也，又一例也。

《母鄭夫人石槨銘》

右石槨有銘，又一例也。書作槨之日，而系以銘，又一例也。

《胡先生墓表》

右表畧其族出、官邑、履歷者，重在敘其尊師道，立教法，以成人才，同柳文《陸文通先生表例》也。題不書官，以天下後世尊先生者，不在其官，同《徂徠先生誌》例也。

《石曼卿墓表》

右表其序不書葬日，而書既卒至葬之日數，又一例也。其表無所敘述，而皆議論感歎之辭，同韓文《滎陽鄭公碑》例也。題不書官，以其自顧者重，官不足以稱之，同《張子野誌》例也。

《連處士墓表》

右表不書壽年，卒不日，不書妻，畧也。重其以一布衣終于家，而鄉里之人，久復思之，故致詳於其德履也。

《瀧岡阡表》

右表其先君之墓道也，而題以地書，變例以致其尊也。嚴書立表之歲月、朔日、甲子，重之也。詳書已之勳階、官爵、封號、食邑，所以著先德之所致也，亦皆變例也。

《守太尉文正王公神道碑銘》

右碑首謹詳奉勅之辭，而後序次其事，賜碑之正例也。詳書賜號、階官、勳爵、食邑、贈諡于敘事之首，以其所終者始之，所以侈其榮，同韓文《劉統軍碑》例也。

《鎮安軍節度使同中書門下平章事贈太師中書令程公神道碑銘》

右碑首謹詳奉勅之辭，而後序次其事，同《王文正公碑》例也。

《觀文殿大學士行兵部尚書西京留守贈司空兼侍中晏公神道碑銘》

右碑首謹詳奉勅之辭，而後敘次其事，同《王文正公碑》例也。

《資政殿學士戶部侍郎文正范公神道碑銘》

右碑不書姓，名門也。世次官爵皆不書，書其繫天下國家之大者，又一例也。

《太子太師致仕贈司空兼侍中文惠陳公神道碑銘》

右碑題書贈官而序不書，序書封爵而題不書，又一例也。詳書兄弟之官，同韓文《國子司業竇公誌》例也。三代贈封皆以公恩，今書其爵土階官而不曰贈，又一例也。

《袁州宜春縣令贈太師中書令兼尚書令冀國公程公神道碑銘》

右碑無大功德可書，故歷敘其因子而累贈之官封，及詳書其氏系、世德、三代、考妣，又一例也。

《明因大師塔記》

右記為浮屠氏作也，而無一語及其法者，此誌浮屠之正例也。卒不日，葬不日，畧也。按唐三家墓銘，無書生年日者，柳文《東明張先生誌》，雖書"生天寶"，而不著其年。此書生年，又一例也。

尹河南文七首

墓誌銘七首

《故宣德郎守大理寺丞累贈司封員外郎皮公墓誌銘》

右誌書國子贈官，不曰贈某官，而曰得以某官告其第，又一例也。

《故贈祕書丞左君墓誌銘》

右誌書贈官，不曰贈某官，而曰追命為某官，又一例也。書其妻追封，不曰追封，而曰以某封告第，同《故宣德郎皮公誌》例也。

《故將仕郎守瀛州樂壽縣尉任君墓誌銘》

右誌銘不以詩，而論禮以識過期不葬，且辯君之葬不在所譏，同韓文《滎陽鄭公碑》例也。

《故金紫光禄大夫檢校右散騎常侍除授①右一作左。監門衛將軍持節〈集〉使持節。惠州諸軍事惠州刺史兼御史大夫輕車都尉隴西郡開國侯食邑一千七百户李公墓誌銘》

---

① 除授：原作"降授"，據尹洙《河南集》卷一五改。

右誌題書官階、勳封、食邑甚詳，而序多畧，同李文《唐故橫海軍節度贈右僕射傅公碑》例也。

《故推誠保德功臣金紫光禄大夫守太子少傅致仕上柱國天水郡開國公食邑四千二百户實封〈集〉食實封。一千户趙公墓誌銘》

右誌不書葬日，而書自卒至葬之日數，同歐文《石曼卿表》例也。題書賜號、階官、勳封、食邑甚詳，而序多畧，同《除授右監門衛將軍李公誌》①例也。

《故大中大夫尚書屯田郎中分司西京上柱國王公墓誌銘》

右誌書葬地曰：葬某所，"不從於先君，用吉卜②也"，又一例也。題書階勳而序畧，同《除授③右監門衛將軍李公誌》例也。銘不以詩，而論一論上有斷字。以望之，同《故將仕郎任君誌例》也。

《故三班奉職尹府君墓誌銘》

右誌銘辭嚴書葬地而不以詩，同歐文《長安郡太君盧氏誌》例也。

曾南豐文一十八首

墓誌銘一十五首

神道碑銘二首

塔銘一首

《試祕書省校書郎李君墓誌銘》

---

① 除授：原作"降授"，李公：原作"李分"，據尹洙《河南集》卷一五改。
② 吉卜：原作"卜吉"，據尹洙《河南集》卷一五改。
③ 除授：原作"降授"，據尹洙《河南集》卷一五改。

右誌書其先則詳其世系而敘其歷代之顯人，書其後則及於曾、玄而敘其四世之蕃衍，此正例之尤備者也。

《虞部郎中戚公墓誌銘》

右誌議論以發其端，而致感嘆—作慨。之意者，以著其家世、學行之美，同柳文《陸文通先生誌》例也。前既敘其二世父子兄弟之出處矣，後復詳其氏之自出，與其鄉里之遷徙焉，又一例也。

《張久中—作文仲，誤。墓誌銘》

右誌書未娶，—此下有不日未娶四字。而敘其所以未娶之故，而未娶見焉，又一例也。

《胡君墓誌銘》

右誌卒不日，葬不日，不書壽年，畧也。而書其生之年，同歐文《明因大師塔記》例也。

《劉伯聲墓誌銘》

右誌詳其性資問學，而畧其履歷者，重在敘其久故之情也。題不書官，官不稱其學，而字重于其官，同韓文《柳子厚誌》例也。

《殿中丞監揚州稅徐君墓誌銘》

右誌詳敘其所自出者，所以著盛衰之不可常，而深致感歎之意也，又一例也。

《王容季墓誌銘》

右誌書母之父，顯也，同韓文《京兆韋氏夫人誌》例也。詳書其諸兄，以其皆有才學，同韓文《國子司業竇君誌》例也。

《都官員外郎胥君墓誌銘》

右誌書其子乞銘云："祕閣校理裴煜以茂諶之疏來請銘。"按唐三家及歐、尹書乞銘，皆曰以狀，而此曰以疏，雖紀實，又一例也。

《光禄寺丞通判太平州吳君墓誌銘》

右誌首云：龍圖閣直學士、給事中吳仲庶具一作其。書載其子業官世、行治屬余曰："吾子某，不克壽，不得見其志。幸①得銘信後世，則某其不泯泯，尚足以慰吾思也。"按唐三家及歐、尹墓銘，無書其父具載子之官世、行治乞銘者，此雖紀實，又一例也。

《壽安縣君錢氏墓誌銘》

右誌首敘其夫自處之高者，所以著君之能相之也。不書諱，同韓文《息國夫人誌》例也。

《永安縣君謝氏墓誌銘》

右誌不書葬日，而書既卒至葬之日數，同歐文《石曼卿表》例也。

《永興尉章佑妻夫人張氏墓誌銘》

右誌題書其夫之名，同韓文《緱氏主簿唐充妻盧氏誌》例也。

《江都縣主簿王君夫人曾氏墓誌》

右誌不書諱，同《壽安縣君錢氏誌》例也。葬不日，無銘詩，畧也。

《亡妻宜興縣君文柔晁氏墓誌銘》

右誌題書文柔晁氏，按唐三家及歐、尹墓銘書法，無以字冠于氏者，此冠氏以字，變例也。誌婦人而題書其字，又一例也。

《二女墓誌銘》

---

① 幸：原作"希"，據《南豐曾子固先生集》卷四四改。

右誌無銘詩，畧也。

《太子賓客致仕陳公神道碑銘》

右碑敘事而書其辭曰，云云。同韓文《施先生銘》例也。

《刑部郎中張府君神道碑》

右碑銘不以詩，而論以歎美之，同韓文《滎陽鄭公碑》例也。

《寶月大師塔銘》

右銘為浮屠氏作也，而畧無一語及其法者，同歐文《明因大師塔記》也。

王荊公文三十三首

墓誌銘二十四首

墓表四首

神道碑銘五首

《尚書〈集〉無尚書二字。度支郎中葛公墓誌銘》

右誌敘履歷，既總舉所閱—作歷。之官以綱之矣，敘政業又各舉所居之職以目之，同柳文《故叔父府君墓版》例也。壽年以甲子書，又一例也。

《王逢原墓誌銘》

右誌論之詳者，美其行之修—作備。而足以有功于世也；敘之畧者，蓋悲其年之短，而他有不足書也。又一例也。書葬日而不書卒日，非畧也。自葬日而以所計九十三日逆推之，卒日自見，同柳文《宗直殯誌》例也。書子而曰妻方娠，未知其子之男女，雖紀實，又一例也。

《王深父墓誌銘》

右誌論詳序畧，同《王逢原誌》例也。題不書官，仕非其志也，又一例也。

《節度推官陳君墓誌》

右誌議論以發其端，而致感歎之意者，深惜其有材與志，而無其年，同柳文《陸文通先生墓表》例也。不詳其履歷，非所重也。

《叔父臨川王君墓誌銘》

右誌書父而不書諱，《集》云：余叔父諱師錫，字某。而云書父而不書諱，未詳。畧也。詳敘其為善而不得職，所以深致一作著。其悲也，又一例也。

《贈光祿少卿趙君墓誌銘》

右誌書死節之綱于首，而後詳其履歷，先所重也，又一例也。

《都官郎中致仕周公墓誌銘》

右誌卒不日，葬書年而不日，畧也。

《屯田員外郎邵君墓誌銘》

右誌書母氏，因事也。卒不日，不書壽年，畧也。

《金溪吳君墓誌》

右誌書子不書妻，或未娶也。不然，同韓文《柳子厚誌》例也。諱字、世系一作諱字、氏系，又作諱氏、字系。見銘詩中，同韓文《施先生銘》例也。

《太常博士曾公墓誌銘》

右誌卒不日，葬不日，畧也。書生年，同歐文《明因大師塔記》例也。銘不以詩，而論以足序意，同尹文《故將仕郎任君誌》例也。

《胡君墓誌銘》

右誌書生年，同《太常博士曾公誌》例也。不書妻，或未娶也。不然，同《金溪吳君誌》例也。壽年見銘詩中，亦同《吳君誌》例也。

《尚書度支員外郎郭君〈集〉作公。墓誌銘》

右誌特書母氏封，同韓文《太原王公誌》例也。世系見銘詩中，同《金溪吳君誌》例也。

《孔處士墓誌銘》

右誌叙其有致仕官矣，有贈官矣，而題書處士，同李文《處士侯君誌》例也。

《祕閣校理王平甫墓誌》

右誌書母封，因事也。無銘詩，畧也。

《泰州海陵縣主簿許君墓誌銘》

右誌卒不日，畧也。

《馬漢臣墓誌》《集》墓誌銘。

右誌不書壽年，而云冠五年矣，則壽年可知也，又一例也。葬月一作日，誤。而不日，不書妻子，無銘詩，畧也。

《謝景回墓誌》

右誌書卒不曰卒、曰終，而曰棄世，又一例也。

《廣西轉運使李君墓誌銘》

右誌書葬地而曰"君所自為壽藏"。按唐三家及歐、尹、曾墓誌，無書"壽藏"者。此雖紀實，又一例也。

《虞部郎中晁君墓誌銘》

右誌序畧銘詳，同韓文《法曹盧府君夫人苗氏誌》例也。而此銘尤詳，又同《劉統軍碑》例也。

《東京提點刑獄陸君墓誌銘》

右誌序畧銘詳，同《虞部郎中晁君誌》例也。

《楚國太夫人陳氏墓誌銘》

右誌不書諱，同韓文《息國夫人誌》例也。書夫人子女，不繫夫人，而曰公子、公女、公壻，又一例也。

《永嘉縣太君陳氏墓誌銘》《集》永嘉縣君，案夫王逢無子，不當稱太。

右誌不書諱，同《楚國太夫人陳氏誌》例也。

《宋右千牛衛將軍仲焉故妻永嘉縣君武氏①墓誌銘》

右誌不書夫姓，宗室也，書卒曰棄世，同《謝景回誌》例也。序書某官某之妻，故某封某氏，題書某官某故妻某封某氏，一以故繫封，一以故繫妻，義雖不殊，自成兩例也。按唐三家及歐、尹、曾誌，婦人無書某人故妻者，而此書之，又一例也。題書其夫之名，同韓文《緱氏簿唐充妻盧氏誌》例也。

《金華縣君〈集〉題云："太常博士楊君夫人金華縣君"云云。吳氏墓誌銘》

右誌不書諱，同《楚國太夫人陳氏誌》例也。書其夫之壽年、葬日，又一例也。

《寶文閣待制常公墓表》

右表不書諱，不書字，不詳履歷，而議論以終篇，又一例也。

《處士征本作"徵"，避仁宗嫌名，改為"征"。君墓表》

右表叙德履，而并其同志之友二人者叙之，又一例也。

《長安縣太君墓表》《集》作《長安縣太君王氏墓誌》，止仲當據

---

① 武氏：原作"陳氏"，誤。據《王安石全集》卷一〇〇改。

舊本作表，不敢改也。

右表不書諱，同楚國太夫人陳氏誌例也。書"君十四而嫁，五十一而老，五十六而卒"。按唐三家及歐、尹、曾墓誌無書老者，此書之，又一例也。題不書姓，兄為《表》也。

《外祖母黃夫人墓表》

右表不書諱，同《楚國太夫人陳氏誌》例也。不書族出，畧也。

《虞部郎中贈衛尉卿李公神道碑》

右碑首書贈誥之辭，所以榮君之慶施也，又一例也。

《檢校太尉贈侍中正惠—作忠。馬公神道碑》

右碑首詳書賜號、官階、勳爵、邑謚，同韓文《劉統軍碑》例也。

《司農卿分司南京陳公神道碑》

右碑書履歷，而曰"官終于司農卿"，而所更某官某官；"任終于知陳州"，而所歷某任某任。皆綱而目之，同《度支郎中葛公誌》例也。書世系於序末，而尤詳於銘詩中，又一例也。

《贈司空兼侍中文元賈魏公神道碑》

右碑序端不書世系，而遠譜畧見於序末，又一例也。按韓文神道碑皆首書世系，其不書者，《清邊郡王碑》而已，此豈亦是例歟？

《宋翰林侍讀學士知許州軍州事梅公神道碑》

右碑序畧銘詳，同韓文《劉統軍碑》例也。

蘇文忠公文九首

墓誌銘五首

神道碑四首

《宣徽南院使致仕特贈司空文定張公墓誌銘》

右誌稱天子之大德，而論其所以致太平而得賢才者，以發其端，然後敘次其事，又一例也。特書三代妣，不以妣書而繫其夫，書曰娶，又一例也。書女已嫁而復歸，雖紀實，又一例也。

《銀青光禄大夫滕公墓誌銘》

右誌首書始對帝問，輒進直言，所以著公之見，用以正也。銘詩所敘，詳在被讒，所以惜公之所，有不得盡施也。二者皆公生平之大，而首末謹書之，雖立言之法，亦一例也。

《王子立墓誌銘》

右誌不書姓，署也。書子曰："有遺腹子①裔"，紀實也，同王文《王逢原誌》例也。

《陸道士—無士字。墓誌銘》

右誌不書族出，不書葬日，署也，詳於論其丹學也。

《李太師墓〈集〉有誌字。銘》

右有銘無序，同韓文《試大理評事胡君銘》例也。

《司馬溫公神道碑》

右碑首敘"信""順""尚賢"三德，以贊頌天子、母后之聖，所以頌公之賢也。次敘婦人、孺子、夷狄、姦邪亦皆仰公之

---

① 子：據《蘇軾文集》卷八九補。

德化，所以實公之賢也。既又叙公既葬之後，人之哀慕祠祀者，四方遠近皆然，能致乎此，公之一誠而已，又推公所以為賢之本也。三者雖叙公之賢，實繫國家之大政，故特詳之，然後序次其事，同《文定張公誌》例也。謹詳奉勅之辭，同歐文《文正王公碑》例也。

《富鄭公神道碑》

右碑序景德盟後虜人不敢盜邊者三十有九年，慶曆聘後北方無事者四十有八年。百年之間，所以四方晏然以休養生息而致太平之盛者，先則寇公之功，後實公之功也。公方進用之初，固已任其大者如此，故首書之，然後叙次其事，同《文定張公誌》例也。謹詳奉勅之辭，同《司馬溫公碑》例也。

《趙清獻公神道碑》

右碑叙國家善于用人，是非明辨，賞罰必信。而天子穆然無為，坐收成效，此為治之至要也。而公與有功焉，故首書之，而後叙次其事，同《文定張公誌》例也。謹詳奉勅之辭，同《司馬溫公碑》例也。

《太子少師致仕諡康靖趙公神道碑》

右碑叙國家有天下，六聖一心，用仁尚德，守之不變。此宋興百二十有五年，四方乂安，民物忻戴，自漢以來，太平之盛未之有者，由當時公卿大臣類多長者，相與輔相之所致也。而公其一人焉，故首書之，然後叙次其事，同《文定張公誌》例也。

朱文公文二十首

墓誌銘七首

墓碣銘二首

墓記二首

壙記二首

埋銘一首

墓表四首

神道碑二首

《端明殿學士黃公墓誌銘》

右誌書贈官，不曰贈某官，而曰詔以某官告其第，同尹文《故宣德郎皮公誌》例也。

《承務郎李公墓誌銘》

右誌首書其致仕誥命之辭，同王文《贈衛尉卿李公碑》例也。

《陳師德墓誌銘》

右誌議論以發其端，而著科場之弊者，所以深歎夫聖賢修己治人之方，國家禮義廉恥之教不行，同柳文《陸文通先生表》例也。

《劉十九府君墓誌銘》

右誌不書姓，名門也。題書其第，又一例也。

《直顯謨閣潘公墓誌銘》

右誌詳書妻之氏諱與字，雖妻同葬，又一例也。

《郭得誼墓誌銘》

右誌序署銘詳，同韓文《盧府君夫人苗氏誌》例也。銘皆贊美之辭，無所叙述，同韓文《盧渾誌》例也。

《潘氏婦墓誌銘》

右誌題書潘氏婦，按唐三家及歐、尹、曾、王、蘇婦人誌，題有書某氏妻者矣，無書某氏婦者，此蓋雖夫請銘，而主於舅也，又一例也。

《篤行趙君彥遠墓碣銘》

右碣書生年，同歐文《明因塔記》例也。題揭其德以表之，又一例也。而不書官，德重於其一無其字。官也，又一例也。按唐三家及歐、尹、曾、王、蘇墓銘，非賜碑，則撰文制題，皆出一手，無別制題者。此云福國陳公大書其碣之首曰"皇宋篤行趙君彥遠之墓"，而子某使人奉狀請銘而刻諸一作于。下方，則撰文、制題出兩人矣，又一例也。

《司農寺丞翁君墓碣銘》

右碣叙君守正不阿，而以智全趙氏，天下莫不高其誼，慕其名，而想見其為一無為字。人，此平生之大節也。故首書之，而後叙次其事，同蘇文《文定張公誌》例也。既書調某官，以母喪不赴，又書以少母喪去官。所謂少母，蓋其生母也，而因事見之，同李文《兵部侍郎贈工部尚書武公誌》例也。

《劉樞密墓記》

右記詳書其生之年月日時，又一例也。題書墓記，同柳文《韋夫人墳記》例也。

《范直閣墓記》

右記詳書其生之年月日時，同《劉樞密記》例也。生年不書甲子，而書釋歲，釋歲，謂元默敦牂上章執徐是也。卒年亦然，又一例也。題書葬當作墓。記，同《劉樞密記》例也。

《知縣何公壙記》

右記書其生之年月日，同《劉樞密墓記》而稍畧也。一作之。題書《壙記》，同韓文《女挐壙銘》例也。

《亡嗣子壙記》

右題書《壙記》，同《知縣何公記》例也。

《女已誌①銘》

右銘無序，同韓文《試大理評事胡君銘》例也，題書埋銘，又一例也。

《屏山先生劉公墓表》

右表有銘詩，則雖云墓表，實墓誌銘也。題不書官，同歐文《徂徠先生誌》例也。

《程君正思②墓表》

右表議論以發其端，而致感歎之意者，傷其為學，能擇能行而無年以死，不得見其德業之所成就。同《陳師德誌》例也。葬不日，畧也。

《曹立之墓表》

右表葬不日，畧也。表後有系，又一例也。

《韓溪翁程君墓表》

右表題書其所自號者揭之，又一例也。

《朝議大夫致仕贈光禄大夫黃公神道碑》

右碑叙宣和之末，弄臣竊柄建取燕雲之策，而公固已有先見之憂。已而果召非常之變，京城陷没，衆皆俛首奉賊。公獨感憤，移檄致事而去，雖不數日，竟以病卒。然祖宗所以涵養斯人至深且遠者，乃於公少見遺餘也。故首書之，而後叙次其事，同《司農寺丞翁碣》君例也。不書諱與字，同王文《寶文閣待制常公

---

① 誌：原作"埋"，據朱熹《晦庵先生文集》卷九三改。
② 思：原作"恩"，據朱熹《晦庵先生文集》卷九〇改。

表》例也。

《龍圖閣直學士吳公神道碑》

右碑書贈官，不曰贈某官，而曰有司以某官告其第，同《端明殿學士黃公誌》例也。

右宋文六家凡一百九首六十八例

墓銘舉例卷三

墓銘書法，既舉韓文為之例，而取李、柳、歐、尹、曾、王、蘇、朱八家之文廣之矣。復因閱諸文集，值有可為例者，或一或二隨而舉之。而輒實之，又所以廣九家之例也。以所錄先後為次，不以其一無其字人之先後為次者，所值不可預期，而錄之蓋未有一無有字已也。

陳後山文①三首

墓銘一首

墓誌銘一首

墓表一首

《魏嘉州墓銘》

右銘詳書其世冑所自與其遷徙之次者，重其族之大，同韓文《河南君杜尹誌》例也。既詳書兩母之氏封矣，又特書所生之氏封焉。按九家之例，有因事見人生母者，無特書所生者也，而此

---

① 文：據本書體例補。

書之，以其有封也，又一例也。

《仲父榮州①資官縣②尉陳君墓誌銘》

右誌書妻曰：娶某氏不終，"故其葬不祔"。所謂"不終"，蓋離婚耳。按九家之例，書妻無著離婚意者，此雖紀實，又一例也。

《宋魏府君墓表》

右表篇末之論議，譏薄祭、厚葬之非，其説是已。及諈夫求文表墓者，乃曰："韓退之為銘文數十，去今幾時？穹石偉畫③。一作書。顧無存者，而其人之事功燁燁④在人心目如今日事，是以知金石之不足恃也。"然則金石不足恃，如固足恃矣。而以為非者，蓋欲揚其意，反抑其辭以激之耳。后山好奇，故其文如此。

實例

魏嘉州墓銘

魏氏望鉅鹿，自漢兗州刺史衡之曾孫始居魏之館陶。五世而至鄭公，辨毅慈明，為唐宗臣，館陶之魏始大，甲於國譜。又五世而至司徒薈。薈一本皆作某。之子別居歙之婺源。其後四世而至尚書禮部侍郎諱羽，為太宗、真宗三司使十有八年，而生龍圖閣直學士諱瓘⑤。一作珪。見微致《集》作著。大，功昭南邦，以吏部侍郎歸老下蔡，葬壽春八公山下，仍父子贈太尉，在名臣⑥之數，別為下蔡之魏。太尉兩娶刁氏，有子十一人，君乃一作其。

---

① 陳師道《後山居士文集》卷一八題《仲父榮州資官尉陳君墓銘》。榮州：原作"滎州"，據《後山居士文集》卷一八改。
② 《後山居士文集》題無"縣"字。
③ 畫：《後山居士文集》作"書"。
④ 燁燁：原作"奕奕"，據陳師道《後山居士文集》卷一八改。
⑤ 瓘：陳師道《後山居士文集》卷一八作"謹"。
⑥ 臣：原作"世"，據陳師道《後山居士文集》卷一八改。

第十子也。諱紹，字承《集》作奉。之，仕①為將作監主簿。嘗知虞城縣，禁捕博而盜止，留守下其法焉。勾當合流鎮，歲大饑，君歎曰："朝請而夕報，亦不及矣"，振廩出以下佈《集》作佔。而後聞，旁近賴之。通判絳州、行州事，新廟學，具師徒，士故沉浮俗間，檄縣諭出之，講試以時，君與其屬過焉。後以右一無右字。朝散郎知嘉州，自唐開元獻荔子，而今樂用朱桑，人始病之，久而微矣，不給其求而刑者衆。嘉祐中，有良守哀之，作二詩刻石以諷。君將行，要貴多求者。既至，摹其石詩以報。黠賈奪人鹽井，更數守，訟不決，君刑而還之。君孝友慎和而不受私，居無子弟過，出有吏能。嘗有勞，再登格而賞不及，君亦不自言也。紹聖元年二月癸未卒，年五十七，明年二月甲子，從葬壽春。兩母並封榮、崇②《集》崇、榮。二國夫人，而所生何氏別封旌德縣太君。娶李氏，左金吾衛大將軍忠吉《集》作告。之女，封壽安縣君。三子：男汶；女嫁蔡州助教刁寶臣，濠州參軍晁載之。將葬，君夫人曰："葬有銘，君之行治，不可不書也。"使晁載之具其事曰："君常調不及用，循職而已，毋異也。"既具，合宗而謀曰："其誰銘？"晁婦曰："其陳氏乎，不則沒吾父矣。"晁載之曰："士求銘于陳氏，辭者屢矣，吾所見也，求可冀乎？"其婦曰："盍索其辭，以固請乎？"於是汶來，及余於潁水之上以請。晁與余交，又與俱來，其何辭。銘曰：魏氏再顯，惟其有繼。有作有承，以有其位。再登公師，有子之致。君伏不興，亦保其世。犍為之政，不侮不畏。更四十年，良有其二。事惟其常，亦何以

---

① 仕：陳師道《後山居士文集》卷一八作"任"。
② 榮、崇：陳師道《後山居士文集》卷一八作"崇、榮"。

異。夫人之云，銘則不愧。

仲父榮州資官縣尉陳君墓誌銘①

仲父諱某，字某。先大父為懷州，有相者過之，使視諸子，謂君不宜仕。慶曆中，君以任—作仕，下"君非不仕"同。為試秘書省校書郎，調榮之資官尉，不赴。京兆之鄠、臨潼主簿舉監環之折博務，皆不終。謂君非不任，特不宜耳，何妙—作少。邪？然則形骨可以知其貴賤，氣色可以知其休咎，而荀子非之，何也？元豐幾年，年五十有幾而卒。有一子曰師中。三女嫁李某；邵敏修；張某。敏修今為臨淄—作潼。主簿。建中靖國元年五月某日，叔父前崑山丞珣，葬於彭城呂柵之大塋。君娶解氏，光祿卿程之女，亦不終，故其葬不祔。銘曰：婚宦不卒，則歸之天。如何不淑，又不得年。兄弟之懷，葬從先人。歸安其居，宜爾子孫。

宋魏府君墓表

君諱宗—作崇。訥，字景仁，彭城安德里人。治平幾年，東人飢，天子出使賑業之，募民出粟而賜以官，君於是為州助教。其先累富，父齊，為洋州司理參軍，娶胡氏，有五男子，君以季。少任事，矜恤內外，敬士而親，緩急叩門，不以事辭。有報者，未嘗不辭也。凡貸而後則倍期而不倍息，或損之。曰："人一而吾二，爾何損？"凡質不問當不②，—作否。惟其所欲。有來以篋，使自驗而不發，或疑焉。曰："雖妄何憚，且一失而不復，人必

---

① 原題內容僅有"仲父榮"及小字注"一作榮，下同"，闕漏明顯。經核對其內容，與陳師道《後山居士文集》卷一八《仲父榮州資官尉陳君墓銘》一致，故依前文例補其標題。

② 不：《後山居士文集》卷一八作"否"。

不為也。"及疾，属其子於母兄以學，度有①《集》無有字。不可償與償而後者，皆焚其券。後其兄病，胡夫人復行之，人談之至今。君以熙寧三年八月甲子卒，年三十有三。娶高氏，一男四女。紹聖五年七月甲子，其子滌謀於其宗，自大父而下與君凡幾柩，別葬於大彭鄉之新城村。滌舉進士，方質謹厚，不談人之短，有談者弗應。至巨惡人所唾罵，一歎而已。家雖貧，不苟受。將葬，宗不共其費。或問之，曰："葬吾②責也，使不問③，《集》作同。吾且專之，而況有助乎！"余由是與之遊。始一作殆。葬，欲余銘而不敢請，既聞而哀之。昔阮思曠有好車，人欲以葬而難之。思曠曰："車而使人憚借，何以為也？"遂焚之。思曠之車與人共之，猶以為難，則余之色辭拒者多矣。於是申以叙之，使陳諸墓。古者葬以死，祭以生，謂鬼有知而尸無知也，故不封而廟。後之人薄祭而厚葬，既封殖之而又識之，既掩諸幽而又揭于道，既守之子孫而又以累人，真④《集》作其。為不朽極矣。雖然，韓退之為銘文數十，去今幾時？穹石偉畫⑤，一作書。顧無存者，而其人之事功，燁燁⑥在人心目如今日事，是以知金石之不足恃也。今魏氏欲顯其親而必余之述，豈不悖哉？元符元年九月辛亥，東里陳師道撰。

---

① 《後山居士文集》卷一八無"有"字。
② 吾：原作"何"，據《後山居士文集》卷一八改。
③ 問：《後山居士文集》卷一八作"同"。
④ 真：《後山居士文集》卷一八作"其"。
⑤ 畫：《後山居士文集》卷一八作"書"。
⑥ 燁燁：原作"奕奕"，據陳師道《後山居士文集》卷一八改。

黃山谷文二首

墓誌銘一首
墓誌一首
《瀘南詩老史君墓誌銘》
右誌書三代，而二代皆書其所自號。按前例并續例，無書父祖之自號者，此書之，又一例也。書題而以世所推之號冠之，從推之者之志，同歐文《徂徠先生誌》例也。

《黃氏二室墓誌》
右誌書二夫人歿，後庭堅始得男曰相，他日當使相乞文於余友而刻之隧。按前例并續例，無誌妻而書其卒後得子者。蓋妻既卒，而得子必後娶，所生不繫於先妻，故不書也。而此書之，必微出者。微出則母先妻而書之，禮也，又一例也。題書二室墓誌，雖紀實，又一例也。

實例
瀘南詩老史君墓誌銘
維史氏遠有世序，自唐尚書吏部侍郎嚴從一作後。僖宗入蜀，生德言，為山南東道觀察支使。因不能歸，占籍于眉山。生光庭，孟氏時，試大理寺一無寺字。評事，知應霧一作靈，下同。縣。應霧生著明，嘉州軍事推官。嘉州生溥，生溥一作主簿。見蜀之亂，遂不出仕，號江陽隱君。江陽生回，能詩，自號知非子。知非生宗簡，名能，知人善料事，自號天和子。天和子實生詩老，詩老諱扶，字翊正，少則篤學能詩，紹知非之業。以貧干試於眉州，又干試於開封府，皆見絀。乃遊瀘州，杜門讀書。士大夫之子弟多委束脩於門，遂老於瀘州。一無州字。妻子或謁不足，君熙熙然曰："會當有足時。"自守挺然，不妄取與，有挾勢利而求交者，雖鄰不覗也。其見刺史、縣令，鞠躬如①也，未嘗有私謁。既晚暮不及仕進，閑居無一日廢書，尤刻意於詩。登臨樽酒，率嘗吐佳句，壓其坐人，故士君子推之，曰"詩老"云。夫人楊氏，生二子銳、鎮，一女嫁進士王庸。繼室杜氏，生四子鑄、銅、鎬、銓。君卒以紹聖三年四月某甲子，享年若干。葬以元符二年正月癸亥，其兆在瀘川─作州。之上，白茅②之原。自天和而上皆葬眉山，而葬瀘川─作州。自君始。鎮有文行，瀘州學者宗之，竭力大事而來請銘之。銘曰：人皆汲汲，仰掇俯拾，商財計緻，脅肩求入。君獨徐徐，書耕筆鋤，我躬則臞，我心則腴。縕袍後禿③，藜藿當─作不。肉，哦詩滿屋，金革匏竹。瀘川洋洋，樅栝其岡，勒銘詔藏，尚④其嗣之昌。

黃氏二室墓誌

豫章黃庭堅之初室曰蘭溪縣君孫氏，故龍圖閣直學士高郵孫公覺莘老之女。年十八歸黃氏，能執婦道，其居室相保惠教誨，有遷善改過之美。家人短長，不入庭堅之耳。方是時，庭堅為葉縣尉，貧甚，蘭溪安之，未嘗求索於外家。不幸年二十而卒，殯於葉縣者二十有二年。繼室曰介休縣君謝氏，故朝散大夫南陽謝公景初師厚之女。年二十歸黃氏，閑於禮義，事先夫人愛敬不倦，侍疾嘗藥，不解衣。至於復常，修禪學定而不廢女工，能為詩而

---

① 如：據黃庭堅《山谷集》卷二四補。
② 白茅：黃庭堅《山谷集》卷二四作"白芳"。
③ 禿：原作"先"，據黃庭堅《山谷集》卷二四改。
④ 尚：據黃庭堅《山谷集》卷二四補。

弟妹不知也。言有宮庭，行有防表，不曒不污，長少咸安懷—無懷字。之，年三十六而卒。生一女曰睦，纔四歲，過時而先夫人哭之哀，殯於大名者十一年。元祐六年，先夫人捐館，乃克歸二夫人之骨於雙井。八年二月，從先夫人葬焉，同宮而異槨。初—作昨。庭堅年十七，從舅氏李公擇學於淮南，始識孫公，得聞言行之要。啓廸勸獎，使知嚮道之方者，孫公為多。孫公憐其少立，—作至。故以蘭溪歸之。及庭堅失蘭溪數年，謝公方為介休擇對，見庭堅詩曰："吾得婿如是足矣。"庭堅因往—作詩。求之，然庭堅之詩卒從謝公得句法。嗚呼！如蘭溪之女美，介休之婦德，皆室家之則也。常欲以楚辭哭之，而哀不能成文。二夫人平生常恨無男，二夫人沒後，庭堅始得男曰相，他日當使相乞文於余友而刻之隧，以哀其終。

陳了齋文七首

　　墓誌銘四首

　　墓誌一首

　　埋銘一首

　　墓識一首

《李景温墓誌》

右誌書"為郁擇所宜娶，得將樂楊氏中立先生時①之女"。蓋郁其子，所娶其子婦也。按前例并續例，無書子婦者，而此書之，然非正書也。亦因上事而推—作繼。其意以書之耳。雖似例，不可以為例

---

① 時：據後文補。

也。

《中奉大夫游公墓誌銘》

右銘序稱"居士"，而題書所贈之官。書官雖以榮君之寵，亦紀實也，又一例也。

《陳謹常墓誌》

右誌書鄉邑、姓氏、名字、卒日、葬地之外，例所當書者皆不書，惟敘其遠來之情，病死之故，以深致一作著。其悲感。末則致辭以喻慰焉，雖類夫韓文《盧渾墓銘》，然又一例也。

《太令人黃氏墓誌銘》

右誌書所歸曰："先適大中大夫孫公諱廸，次適中奉大夫游公諱潛"；書子曰："子男三人，謬為孫氏子。"按前例及續例，誌婦人無書再適者，今書兩適，故必著其先適之子焉。雖紀實，又一例也。

《仁壽縣君高氏墓誌銘》

右誌書"女適某官姓某，再適某官姓某"。按前例并續例，無書女再適者，而此書之，雖紀實，又一例也。

《侍郎鄒公埋銘》

右銘序所歷官而不書行治，畧也。按前例并續例，誌人之墓而無銘者，必有感歎，或議論，或悲悼唁慰之辭，此皆無之。惟結以某官"陳某叙次"一語，亦畧例中之一例也。題書埋銘，同朱文公《女已埋銘》例。但彼銘而不序，此序而無銘，又一例也。

《尚書豐公墓識》

右識序所歷官而不書行治，無他辭，惟結以某官"陳某叙次"一語，同《鄒公埋銘》例也。題書墓識，又一例也。

實例

李景溫墓誌銘

　　景溫諱庭，姓李氏，景溫其字也。世為邵武軍光澤縣人，大理評事諱鐸之孫，惠州河源縣主簿諱詔—作紹。之子也。大理公初欲教其子讀書游舉，而以資給未饒為患。於是治產積儲，商而通之，達百貨於中都，以其贏餘買書以歸。未幾，火焚居第，大理公方宿田廬，或報之，亟問曰："書焫乎？"曰："惟書在爾。"及還家，喜語諸子曰："書在足矣。"子誥以業儒起家，官至太常博士，河源公薦于鄉，數黜禮部，因語所親曰："從仕、治生，勢不可兼。"自先大理—本大理下有公字。以來，蓄少施多，舊資寖耗，禄不可以力干，我當盡力於一家爾。由是一於干蠱，出入不避寒暑，而阡陌增廣，使官者、學者益加—作皆。優裕，得以養廉自重。太博公有三子，其二登科，而河源公晚沾恩命，得子亦晚。然景溫天資謹厚，父母曰孝，兄曰弟，朋友信之。其自飭甚—無甚字。嚴，雖責於人者薄，而皆忌憚。隨流品酬酢，各盡其情，有不可其意者，面救—作數。其失，而去無後言，其人皆畏而不怨。燕居默坐，終日無懈惰—無惰字。容。動止有常，耆舊推與，子弟之觀型—作行。而化者多矣。知其隱德，而服其不見於事者，非特其鄉人也。景溫娶同郡葉氏，屯田員外郎誼之女。無子，以其兄之子郁為後。初余仲妹歸太博公之仲子叔平，生四子，郁其季也。郁三歲時，景溫請於叔平曰："先太博公與河源公同產相親愛，今或子孫蕃衍，或繼嗣未立，欲以阿郁為請，忍拒之乎。"叔平曰："我子猶汝子也，汝齒尚未壯，無乃太早計。"—下有乎字。後十有七年，叔平閒居海陵，景溫復以書請曰："齒之未壯者，髮今白矣，既老且獨，兄不念前語乎？"—無乎字。叔平覽書惻然，即報之曰："以郁為汝後。"叔平善教子，郁有知識文行。景溫家習和肅，夫婦相待如賓，為郁擇所宜娶，得將樂楊氏中立先生時之女。郁既承顏率禮，婦亦謹職順助，一門之內，雍雍如也。里居與季兄濟飲酒賦詩，游處必偕。既而孟兄勉倦官而歸，兄弟聚集，方相娛樂，而景溫逝矣。仲兄深叔平也，叔平當官不苟所生，必詢考民情，為之興利除疚，當路者以是知之，仕浸顯矣。崇寧初，坐元符末上書邪一本缺此字。等，自京西提舉官削籍投竄凡四年，始得叙復自便，平生喜辨論，而恥於苟隨，其愛景溫尤厚。景溫宣和元年三月丁末，以疾卒於正寢，享年五十有九。子惟郁一人，孫曰延孫。嗟夫，景溫可壽可達，而天嗇其年。老得一官，訖無所施設，雖里居之樂怡然自足，而亦不得久享，使世之為善者將孰視而勸乎？可悲也已。郁將以宣和二年七月辛酉，葬景溫於光澤西鄉歸仁里夏壇之原。前葬，遣人來南康請銘。夫景溫躬行之美，化被一鄉，發揚之助，亦何俟於銘哉！若夫隱德，身教在其子孫者，未遽白也。今雖鬱，後必通顯，亦當祗懼以需爾。銘曰：嗚呼景溫，有執一作親。有常。嚴取與於一介，泯毀譽而韜光。彼競我恬，然足以藏。使其達而克施，化詎一作豈。止於一鄉。休休焉終身一作守。不易，矯矯乎君子之強。齎此以沒，雖夭不亡。

中奉大夫游公墓誌銘

居士諱潛，字升叔，家建州建陽之唐石里，累世為名族。居士少敏慧，風力過人，遇事無所屈。早喪母，竭力事父，鄉人皆推其孝。性樂善，無媢嫉，聞人嘉慶如在己，終日言不及人之過惡。有盜聚劫，過居士之門，相戒以勿譁，且呼於道曰："毋怖、毋怖。"里俗，親殁即分財析居，居士畢喪且十年，猶不忍與兄弟異食。居士居家嚴整，以身教其子弟。二子舉進士中第。酢試太學錄，居士攜酢之官，京居數年，親舊至者皆館焉。俸薄用窘，居士約身從儉，以率一作治。其家，惟恐不足為親舊歡也。酢除太常博士，命下，辭，得知西京河清縣。二年命再下，就職。未幾，復請外官，簽書興德軍節度判官廳公事。初，酢將欲求外補，先請於居士。居士曰："士行其志，出入適宜，無不可者，我何容心乎！"兄之子醇，為廣西機宜，卒。居士聞訃，哭之過哀，日夜以其兄為憂，即分先疇歲入以助其生。未幾，居士得疾，卒於齊州之官舍，紹聖二年三月已未也，享年六十有六。夫人黃氏，有令德，生二子。酢今為朝散大夫、提點成都府長生觀。醳出繼為南康軍司理參軍勛之後，自高郵尉解官奔齊州，與其兄扶居士柩以歸，今為奉議郎，提轄淮南路直達綱。孫男八人：攧，文林郎、洪州司兵曹事，餘皆幼；女孫三人。以紹聖四年三月辛酉，葬於石唐里之松原，前葬，居士長子定夫以承事郎江汝舟一作汝江舟所述行狀屬銘于某。某一本皆作余。以遷謫南北，不暇叙述，今蒙恩自便，憩於九江。蓋自紹聖丁丑迨今政和丁酉，二十有一年，居士之墓木拱矣，而定夫仕不加顯，所以奉承先訓，磨勵素守，久益著也。光揚德美，其要在是，奚復假於衰憊之言乎？辭不獲已，愧不足以助發揮也。居士自定夫登朝，累贈至中奉大夫。銘曰：閭里推孝，盜不忍譁。人與其誠，善積於家。言無枝葉，誨子以身。斥聞取達，惟是之循。子官學省，再求補外。得請於廷，動吉無悔。捨彼所爭，我實訓之。取彼所棄，恪守弗違。白首未行，不貳以俟。歿而彌彰，慶在有子。

陳謹常墓誌

延平善士陳之顏，字謹常，卒於鬱林，葬於合浦慈恩寺之東。初，崇寧二年二月，予自袁州移竄廉州。是年三月，過潭州興化寺，五月過合浦，就拘囚於城中。之顏自鄉里遠來，見其叔祖之幽—作憂。辱窮餓，貨米于鬱林，得十斛，寄合浦。其書曰："米至，公可餬口。之顏病，恐不得歸。"又半月，僕挈其骨以還。予方病瘴癘，一慟失聲，因成痺眩，不能再哭。慈恩在城外，不得親臨其穴。葬之日，遙望而默告之曰："汝萬里遠來，有意收—作也。吾骨，今誰委乎？使汝客死瘴鄉，不得歸見老母者，由汝叔祖。汝叔祖觸禍至深，理不生還，汝其安穴以待，終當與吾骨並遊於海。—作以歸。生死，命也；壽夭，數也；先後，時也。汝其毋憾。"

侍郎鄒公埋銘

鄒公諱浩，字志完，世為杭州錢塘人。祖霖，故任尚書都官郎中，徙居常州晉陵，今為常州晉陵人。父戩，故任廣濟軍錄事參軍，贈朝奉郎。公元豐五年中進士第，調蘇州吳縣主簿。未赴，改除揚州州學教授，移雄州防禦推官，知安州孝感縣事。未赴，改除潁昌府府學教授。元祐七年，除太學博士，明年用御史來之邵言，為襄州州學教授。紹聖三年，丁朝奉憂，服除，改宣德郎，元符元年也。哲宗召對，除右正言。明年九月，以言事除名勒停，羈管新州。今上即位，復宣德郎，添監袁州酒稅，除右正言，遷左正言、左司諫、起居舍人。明年除通直郎，試中書舍人，賜三品服，差同修《神宗國史》，遷吏部侍—無侍字。郎，賜對衣、金帶。是年遇南郊恩，奏補仲弟洞為假承務郎，請免脩《國史》，乞閑局。改兵部侍郎，遂乞外補。除寶文閣待制、武騎尉、文安縣開國男、食邑三百戶、知江寧府，尋改知杭州。未赴，責授衡州別駕，永州安置。明年正月除名勒停，韶州居住。崇寧四年冬，移漢陽軍居住。五年復承奉郎，遂歸常州。大觀元年，用寶赦轉宣義郎。四年，特<small>一作時</small>。復直龍圖閣。公自嶺表還親側凡六年，而瘴癘歲作，今年春大病，遂不起，政和元年三月九日也，享年五十有二。母張氏，封安康郡太君。夫人沈氏，蓬萊縣君。子男二人：曰柄、曰栩，卜以今年十一<small>一無十</small>。二月初二日，葬公於常州晉陵縣之德澤鄉林莊原祖考之兆，從公志也。叙復宣德郎陳某叙次。

尚書豐公墓識

公姓豐氏，諱稷，字相之，明州鄞縣人。嘉祐四年中進士第，歷亳州蒙城縣、真州六合縣主簿，襄州穀城縣令，越州會稽縣丞。熙寧十年，安公燾使高麗，辟公為書狀官。還，特改著作佐郎，除知開封府封丘縣。元豐二年召對，除太子中允，權<small>一作推</small>。監察御史裹行。改通直郎，除秘書省著作佐郎，守尚書吏部員外郎。避嫌，請外補，除利州路提點刑獄。轉承議郎，除尚書工部員外郎、殿中侍御史、右司諫。轉朝奉郎，除國子司業、起居舍人、太常少卿、國子祭酒，轉左朝散郎。哲宗幸太學，講尚書，賜金紫，自祭酒兼侍講，除尚書刑部侍郎，充北朝國信使。還，除集賢殿學士、知潁州，知<small>一無知字</small>江寧府。紹聖二年，除龍圖閣待制，知廣州。未行，除吏部侍郎，求外補待請，<small>待請一作侍讀</small>。除龍圖閣待制，以朝散郎知河南府，知鄆州，知成德軍。轉朝請郎，知潁昌府，知應天府，知湖州，知杭州，轉朝奉大夫。今上即位覃恩，轉朝散大夫，以諫議大夫召轉御史中丞，除工部尚書兼侍讀，遷禮部尚書，除樞密直學士，知蘇州，除越州。降充寶文閣待制，知明州。落寶文閣待制，知常州。責授海州團練副使，睦州安置；道州別駕，台州居住；除名勒停，建州居住。崇寧四年，移婺州居住。五年，特授朝散郎、管勾亳州太清宮，任便居住，歸明州。大觀元年十二月戊戌，薨於正寢，壽七十有五。公曾祖衍，祖表，皆不仕。父禄，贈中奉大夫。母凌氏，贈華原郡太君。夫人李氏，贈大寧郡君；繼室陳氏，贈文安郡君。男三人：曰安常，試太學正；曰太常，壽州壽春縣主簿，皆前卒；曰希仁，承奉郎。女二人：長適朝散郎監潁昌府合流鎮繭中謹；次適奉議郎郭壽。孫男曰濟，登仕郎，遼州遼山縣尉；曰治，承奉郎；曰溪、曰漸，尚幼。孫女一人，適承奉郎、西京宗子博士張琪。曾孫男女五人。希仁得迷罔之疾，不能當大事。濟自遼山去官，承重而歸，與其弟治。以三年十二月甲申，葬公於鄞縣通遠鄉金谷里鈒山奧之原。叙復宣德郎陳某叙次。

晁濟北文四首

墓誌銘四首

《朝請一作散。大夫致仕陳君墓誌銘》

右誌書自出云：父光禄大夫，"前夫人賈氏，永年縣君；後夫人潘氏，安福縣君。而君寧國縣太君賀氏出也"。書歷官云："調寧國軍節度推官"，"遭安福憂"。則君既仕，後母尚無恙。所謂寧國太君，蓋其生母以子而貴者也。而因事書之，同李文《兵部侍郎武公誌》例也。

《黃君墓誌銘》

右誌書祖父而不書諱，書卒而不書日，書孫而不書妻子，畧也。重在叙其不嗜利，而能出穀救人；不用術，而知致富有命也。

《李氏墓誌銘》

右誌不書卒日，非畧也。書自卒至葬，不以月計，而曰"歿後四百六十八日,某年某月某日,祔於某山舅某官某諱之兆",同歐文《石曼卿墓表》例而少變也。彼則因卒日而順數,可得葬之日;此則因葬日而逆推,可得卒之日。同柳文《宗直殯誌》例也。

《闞氏墓誌銘》

右誌書邑里而不書世系,不書嫁而書入,不書祔於夫而書近夫之故兆,是蓋微者為其子而銘也,又一例也。

實例

朝請大夫致仕陳君墓誌銘

君姓陳氏,諱知和,字德時,按其譜博州人也。六世祖翔,唐末從事成都府。王建有異志,翔屢沮之,廢居閬州之西水。孟昶以蜀歸,曾祖諱省華始來自蜀,為祥符人,仕本朝為左諫議大夫,有能聲,贈太師、尚書令兼中書令、秦國公。秦公生三子,皆以儒學擢高第,位將相,有勳勞於國,樞密使、尚書右僕射、同中書門下平章事、贈太師、尚書令兼中書令、英國公諡文忠諱堯叟,君祖也。英公生尚書都官郎中、贈金紫光祿大夫諱師古,光祿生君。光祿前夫人賈氏,永年縣君;後夫人潘氏,安福縣君。而君寧國縣君賀氏出也。光祿當任子,以與其族人,而君從祖、太尉康肅公,方觀察宿州,任君右班殿直。及長知書,嘆曰:"吾家世如此,吾父教我以學何如?而吾可用此進耶。"乃上書願易所得官,從左選。仁宗嘉其意,且以其文忠後,從之。初調河陽節度推官事,四守梁適、李淑、張觀、蘇紳,皆當時顯人,其趣操不必同,而君介然若一,四人者皆賢之。再調寧國軍節度推官,竊卒誘耕民剽里中,卒殺人,民從旁止之,傷而免,守欲并論民死。君爭之力,守怒而入,君立廡下不去。守悟,為讞諸朝,民果不死。遭安福憂，免喪，擢衛尉丞，知硤石縣事。縣當陝衝，卒苦於役，作偽印帖，隱民間，前令比獲以要賞。君一日執六人，且嘗度闞法應死。既不忍以要賞，見其尫然誠苦於役者，為移文所從來，無他過，取偽印帖焚之，還其役。戍兵道縣中，羣博犯法，邏者執於庭，數百人譟—作譁。縣門，且奪之，吏趣閉門。君徐出，坐堂下，一作上。命開門，衆莫敢入。因陽叱邏者，解縱之。既行，密疏其名河南府，皆正其罪。改僉書彰德軍節度判官事，未行，遭寧國憂。免喪，遷大理丞，知緱氏縣事。英宗即位，遷右贊善大夫。昭陵採石，聚兵緱氏城中萬人，倉無儲粟，而輸者未至。君度不可竢報，乃下令借富人停粟，約與之息，匿者沒官，令出而辦。比輸者至，則兵仰食縣者十五日矣。事已，旁縣吏皆遷，而君不自言，賞亦不及。遷殿中丞，又遷國子博士，通判果州事。神宗即位，遷尚書虞部員外郎，賜五品服。還朝，用薦監左藏庫，不就，通判趙州事，遷比部員外郎。曾孝寬察訪河北，奏君偕行。朝廷方議省郡縣、寬力役，吏希旨爭言可省，而乾寧、保定、順安三軍在議中，俾君往視。還，書沿邊城犬牙相制，以利守禦，而便轉輸，此祖宗深意不可改。朝廷然之，為不廢三軍。中人程昉建言徙漳河洺州①，一作川，下同。使者以君權知洺州董其事。漳河役大，昉欺朝廷以易集，務減人徒，人徒以故怨之，百餘人燒民廬為暴。君盡捕得，誅其始謀者八人。事且畢，會新守至，君還趙州。昉以君為暴其短，乃歸功新守，而君亦不辯也。丞相王公安石，雅知君可用，使人諭君，歙故難治，而朝廷方行法，欲以倚君，君不得辭。擢知歙州事，遷駕部員外

---

① 州：原作"洲"，據下文及晁補之《雞肋集》卷六四改。

郎。自以不能當執政意，至則求閒局，差管勾嵩山崇福宮，民上書願留者以千數。房州地僻，守屢以贓敗，又擢知房州事。郡阻山，城西有溪，所從來高，望之洶洶在城上。舊有堤圮，不治餘三十年。君議增築，不欲調民，乃以術招鼠卒廩之，益以州兵。凡用工萬，高其舊丈二尺，而廣如之。人初以為煩，會明年溪大漲，得堤而定，人乃服。君奏課京西第一，遷虞部郎中，擢知泗州事。郡當水衝，屬霖潦。君度淮、汝、洙、泗滿必大下。因預為守城備，水至浸城且壞，吏倉卒不知所為。而君規畫素定，語吏如此如此。城既無虞，而民賴以活萬計，璽書獎諭，擢提點廣南東路刑獄事，改朝奉大夫。番禺南粵都會，守俸月七萬，守方對詔獄，君攝州事竟八月，當得錢六十萬。君不取，曰："我豈緣人不幸而自裕①耶？"宴賓客，為撤樂，其忠厚如此。遷朝散大夫，盜起梅州，去治所更四郡，君以為道驛而往恐後，乃自南雄州絕山倍道，崎嶇茅竹間，蒙霧得疾幾殆。後良愈，因求上印綬，時方六十一。今上即位，遷朝請大夫，賜三品服，勳上柱國。為人清慎退約，不干權貴，善與人交，自以無怨惡於人。明白立斷，所至民愛之。善楷隸，喜為詩。既謝事，作"燕譽堂"於第之西北隅，蓋以訓辭名之，日從賓客飲酒談笑其間。以疾卒，壽六十有四，元祐二年五月丁巳也。夫人鄭氏，安居縣君。男曰适，寧鄉縣尉；逾，鄭州司戶；適，臨河主簿。女長適朝散郎潘行；次適通直郎王鎮；次適道州錄事楚仲；一作沖。次適宣德郎周昕；幼在室。孫男七人。諸孤以君卒之明年七月壬申，葬於河南府密縣義臺鄉之武泰岡，來求銘，銘曰：仕可以藉其世，而公不賴之。

---

① 裕：原作"樂"，據晁補之《雞肋集》卷六四改。

進可以遇合，而公不競之。時未可以去也，而公去之。事取其先，得取其後。名處其薄，功處其厚。造物者報其天，不報其人。其人不亡，在其後之①子孫。

闞氏墓誌銘

闞氏，開封人，年十七，入故太子洗馬、贈銀青光禄大夫濮陽杜侯家，生四男四女。年七十七，以元祐元年八月丁亥卒，以其年九月癸酉葬於濮州鄄城縣青山里之原，近侯之故兆也。初侯捐舘舍，闞氏奉其家事恪，如侯不亡，而教其男女以職，内外有法度。故季子宣德郎删定省曹—作曾。寺監條貫於民②，遂以文學中進士第有聲。而女亦為士妻，宜其家。曰劉龜年、馬希閔，二壻也。三男及女蚤卒，而有孫七人，皆宣德之子：績、綰、繙、絨、緬、緝、綱，可謂盛矣。宣德既仕，當塗大夫稱其材，而所與遊又多一時知名士，族人亦咸謂洗馬有子以為榮。而宣德君曰："吾何以得之？維—作雅。吾母教使然也。"嗚呼，是足—作可。銘也已！銘曰：善教子，以有禄。生無悔，從吉卜。

---

① 晁補之《雞肋集》卷六四無"之"字。
② 于民：《雞肋集》卷六六《闞氏墓誌銘》作"子民"，恐誤。

墓銘舉例卷四

張宛丘文三首

墓誌三首

《王仲孺墓誌》

右誌諱字、鄉邑、妻子，見銘詩中，同韓文《施先生銘》例也。歷官為政，序綱而銘目之，又一例也。

《華陰楊君墓誌》

右誌書子曰"遺腹"，同王文《王逢原誌》例也。遠系畧見於序末，同王文《贈司空兼侍中文元賈魏公碑》例也。無銘詩，畧也。

《符夫人墓誌》

右誌不書諱，同韓文《息國夫人誌》例也。書祖曾而不書諱，畧也。而諱其夫之父祖，同柳文《伯祖妣李夫人誌》例也。書卒而不書日，亦一無亦字。畧也。

實例

王仲孺墓誌

河南王雯者，齒少篤於自修，好學而能文，余聞之而未見也。紹聖四年，余以罪戾，謫官齊安。一日，有客墨衰造門，視其謁，雯也。見余則泣而言曰："先君與子舊矣，雯不幸既孤，將葬而無辭以刻先君之墓，敢以是屬之子。"某曰："余嘗見朝奉君於京師，其深者某之陋所不敢知，而其粗與夫衆所譽者，竊聞之矣。不曰篤恭好學而廉儉者歟！敏於為吏、愛民狥公、直己不撓於權者歟！然其人厚於實而薄於名，豐內而廉一作嗇。外，世之君子，未必知之。余嘗辱聞焉，則屬銘於余，固宜謹取其爵里行事叙之。"曰君曾祖諱恪，西頭供奉官。祖諱淮，越州諸暨主簿，贈太常博士。考諱起，尚書屯田員外郎，秘閣校理，贈左中大夫。君初補太廟齋郎，調陝府湖城縣尉，又為澠池、安邑二縣主簿，河中府猗氏縣令，改宣德郎，監解州鹽池兼知縣。覃恩遷一作進。通直郎、賜五品服、知孟州溫一作恩。縣。遷奉議郎，加武騎尉、管勾京北排岸司。遷承議郎、加雲騎尉，監京米倉。遷朝奉郎、知德州，加飛騎尉。紹聖三年五月二十六日棄於官，享年五十。以某年某月某日，雯奉君之喪，葬於河南府某縣某鄉某原，以夫人楊氏、李氏祔焉。銘曰：君諱仲孺，時中其字。世河南人，河清其里。以蔭筮仕，湖城是尉。湖廢官罷，留君一歲。實維相逢，從湖民意。其在安邑，涌水於野。邑人走祠，君鞭而罷。後令猗氏，有愛其民。既去十年，見之如親。實其耆老，以謂子孫。民居侵迯，使者議毀。君紓其苛，一道是賴。安邑賈鹽，民富悍豪。君教之學，獎禮其髦。孝秀聿興，鄙悖茲消。西民餼師，履產輸泉。君力弛之，鰥寡用安。令溫治盜，曰姑安之。勿浚其姦，吏逸民嬉。盜悔而耕，厥壤大滋。邑豪坐獄，重賂而逸。君以奇購，唾手則一作而。獲。君之去溫，其民涕留。耆老百千，聲言於朝。

惟河內溫，邑聯部異。河內有請，假君決事。後守德州，河溢而驚。驚一作驚。民流殍，所活萬數。伍長驕悍，其將笞之。長以衆逃，斥將之疵。君謂長叛，首寘一作置。於罪。貸將不問，境為無事。一時持權，爭欲用君。勉之比周，君為不聞。云胡不淑，五十而僨。君凡三娶，皆有婦道。粵初楊氏，其父曰愃。一作樿。繼李父周，學士集賢。今夫人陳，姻黨稱焉。劉時張闕，又楊克一作竟。中。堉其三子，惟德之同。君三男子，惟雯在耳。進士登科，甚飭而藝。陶牙之原，鬱乎松楸。乘者下之，君子之丘。

華陰楊君墓誌

華陰楊景從予遊，數為予道其叔父君之賢，曰：「叔父始好讀書，博通絕人。而其意嘗狹儒生，思立武功奇節，人亦以是與之。兩舉進士，罷去不得志。客江湖久之，無所知名，時獨遊山澤間，飲酒悲吟泣下。未嘗語人其意，而人亦莫能測其何為者。熙寧六年，朝廷出軍治辰州諸蠻，景之先人朝奉君從軍，以君從行，師克懿、洽城，主將李浩請君招未附者，君大喜，匹馬懷檄入其穴，一夕報命，得降者數百人俱來。明年築懿、洽，《集》此上有為字。沅州帥謝麟奇君才，留館之。君為麟畫攻守策甚衆，未及用而麟罷，君亦去。明年君卒，夫人符氏遺腹產一男子。元祐四年某月某日，景始獲迎君之喪，葬於蘇州某縣某鄉。吾叔少孤，教養於先兄，恂恂如也。其死且三十五年矣，天窮而人厄之有至是也夫！」予曰：「是固無怪，彼其悲歌泣下，至匹馬入敵，輒大喜。此其所欲，誠《集》作試。非易售者窮固其所。」君諱某，字某。曾祖某官，祖某官，考某官。世華陰人，蓋漢太尉震後云。

符夫人墓誌

夫人符氏，南海番禺人。曾祖、祖為布衣。考臻，虔州司法一作戶。參軍。年二十，嫁故大理寺丞陳君世則。寺丞，參知政事諱恕之孫，贈金紫光禄大夫諱執禮之子。夫人歸陳氏，陳氏族素貴。夫人起寒家，以禮奉順，莫或敢以貴臨之。寺丞君宦坎坷，家徒四壁，《集》此下有立字。夫人安之，内外忘其貧，性寬仁無怨惡，撫異出子如己子。子男四人：鼎、鼐、鬲、鬵。孫四人。鼎與予同學宛丘，是時鼎叔為郡要官，而鼎刻苦自同諸生，窮冬積雪塞塞《集》作寒坐。一室，杜門諷誦不輟。予竊賢之，而考其淵源，固已知其親之賢也。今年冬，鼎以書來，云夫人没矣，將葬於池州青山之南原，而属予銘。狀其行事如此，其不誣已。夫人年七十，其葬實紹聖三年正月己酉。銘曰：自微嬪貴，儼弗陵從。夫於艱順，以承考終。同穴如平生，子孝而賢以有銘。

吕成公文三首

墓誌銘三首

《林安之墓誌銘》

右誌不書族出，不書妻子，畧也。重在叙其學之篤而哀其年之短也。叙其師為之請銘，雖紀實，又一例也。

《金華汪仲儀母王氏墓誌銘》

右誌議論以發其端，而著譜學、婚議實相為用者，所以見汪王之婚，族望稱而情義通，同柳文《陸文通先生表》例也。題書某郡某人母某氏，又一例也。

《金華時漂母陳氏墓誌銘》

右誌議論以發其端，而致感歎之意者，所以著葬師之説不可信，而夫人之識合乎禮，同《金華汪仲儀母王氏誌》例也。題書某郡某人母某氏，亦同《金華汪仲儀母王氏誌》例也。

實例

林安之墓誌銘

自予與永嘉陳君舉傅良遊，每道其學者，林安之居實不去口。歲在壬辰，安之始來婺，相與共學，其冬以病歸。間二年，復自溫來會，甚瘠且憊，形貌非復昔人，而志愈強，識愈明，其學亦非復昔人也。予憂喜參半，別去餘月，君舉以書訃曰："噫，安之死矣。哀甚，不能執筆，其為我銘之。"蓋安之之為人，隆於師友，一日不見，則一無則字。悵然若有所亡。至其合堂同席，心融意洽，身之休戚，年之早暮，鄉閭之遠若近，皆不暇知病益侵，尚講貫繹繹不休。獻款者、納忠者、代之憂者、動之以危語悲辭者，日交於前，安之蓋自如也。士而有志於學者蓋鮮，亦既有其志矣，怵焉輒移，撓焉輒止，莫大於死生，莫切於疾病、疴痛之賊其肌膚，及是而猶不舍業使老其志，庸可限其所至耶？安之以淳熙二年十月十九日卒，是歲十二月二十日，其父母葬之於其鄉，年實三十四。銘曰：若是而不可謂之成耶，彼佻達者，竟何成也？若是而可謂之成耶，夫豈自以為成也？哀哉！

金華汪仲儀母王氏墓誌銘

譜學、姻議，一作誼。不相為謀，而相為用。昔者氏族之學行矣，南有王、謝，北有崔、盧，品第甲乙，聘娶一失其班，則俗以為大恥。放乎末流，乃或挾以相市，於是氏族乃為婚姻病。及其既衰，則又混為一區，由卑援高者，厥咎僭，厥罰常辱，厥妖婦乘夫；由高耦卑者，厥咎貪，厥罰常驕，厥妖夫虐婦。眠鄉者之患，未知其孰先後也。以吾觀於州閭之嫁娶，不外慕，不遠求，族望既稱，情義亦通，宜於家而蕃其後者，當必由之。尚氏族者誠若是，以何負於世乎？言金華之閥閱者，汪與王為顯姓，夫人受氏於王，出適於汪。汪、王之睦，有自來矣，蓋予所謂族望稱而情義通者也。自初盥饋，訖於終，勤儉自律，未嘗袨服冶容，内外親以宴謁者，随多寡及之，曰："彼以親親之道來，空行空返，吾惡焉，聊以致吾心耳。"其誨諸子則曰："汝曹第專意經史，毋以貨敗一作販。爾志。"婢妾童奴，拊循一以和厚。條理家事方有緒，而夫人則死矣，壽甫五十一，實乾道九年十二一作一。月癸未。葬以淳熙元年八月甲申，其鄉惠日，其原九里。曾祖本贈宣教郎，祖登承議郎，累贈特進。考師方，夫曰浩，子曰仲儀、仲儼、仲侃、仲俏、仲僖。女六，長以疾在室；次適曹著；次適曹莊；次適時伯茂；餘未行。時氏婦後夫人七月亦卒。孫男四。仲儀嘗從予遊，先葬請識，乃銘之曰：鈞其匹，燕其宗。相其原，安其宫。

金華時澐母陳氏墓誌銘

大司徒以本俗六安萬民。初一曰媺宫室，次二曰族墳墓。是維死生之大紀，三代相傳而不變者也。居焉而父子有秩，兆焉而昭穆有班，奇邪譎怪之説，未嘗出於其間。斯民之生老壽死，蕃祉繫族以宗，名官以氏，至於千百年而不替。王政既息，舉立封窆空之柄委之巫史，妖誕相承，誘怵並作。民始忍以啜粥飲水之時，起射名干利之望。窀穸所卜，畔經一作徑。遠祖，度越疆畛，一作畔。孤峙數舍之外。服降屬疏，蓋有樵牧不禁者矣。甚者兄弟忿鬩①，或謂是山於伯獨吉，或謂是水於季獨凶，狐疑相仗②，暴其親之遺骨而不可掩，是可哀也已。學士大夫慨然尚論先王之制，則世共譁以為遠於人情，予獨於陳氏夫人之葬有感焉。夫人生一作主。於壼幃之中，組紃是習，饎饎是共，未嘗親接儒先之餘論也。病革，屬其子曰："必祔我先舅之旁，毋深徇葬師，以咈我志。"遂改位於舅墓之東曰楊塢。然則墳墓之族，實人情之至願，當巫史紛若之際，猶有不讀《周官》，暗與之合者。禮豈強人者哉？故予樂道夫人之事而論次之。夫人諱瓖，曾祖某，祖某，父某，男四，女一，孫男二。時氏金華巨一作右。族，舅沒姑老，夫人以冢婦傳家，閫門千指無違言。每與其夫語，必曰"先舅無恙"，"時賓禮髦畯。一作士。課督諸孫，孫為如何"③，"君主其外，我主其內，毋使一事減於舊可也"。其子見里有藏書者，歸而有羨色。夫人出簪珥，直數十萬，俾為鋟工費，且曰："吾家非窮空也，特欲異日汝曹見此書，不忘吾此意耳。"夫人歿後，諸子為予誦，一作言之。輒涕下不能禁，庶幾有成其志者。銘曰：葬書五車重折軸，徼祥畏譏墓不族。淑哉夫人見何獨，纘息留言毋遠卜。有欲踵之求其躅，皇舅之原原左④麓。

———
① 鬩：呂祖謙《東萊呂太史文集》卷一三作"鬭"。
② 仗：原作"扶"，據呂祖謙《東萊呂太史文集》卷一三改。
③ 課督諸孫，孫為如何：本作"課讀諸孫為如何"，據呂祖謙《東萊呂太史文集》卷一三改。
④ 左：原作"在"，據呂祖謙《東萊呂太史文集》卷一三改。

墓銘舉例補闕

《唐故銀青光祿大夫檢校左散騎常侍兼右金吾衛大將軍贈工部尚書太原郡公神道碑文》

右碑姓見銘詩中，同《越州刺史薛公誌》例也。題書官封而不書姓，同《贈太尉許國公碑》例也。

《清邊郡王楊公神道碑》

右碑不書姓，畧也。詳書兩妻之父祖，同《昭武校尉李公誌》例也。凡神道碑，首必詳書其世系，重其所自出也，而此畧之，先世蓋可知也。一作矣。

《唐故中散大夫少府監胡良公墓神道碑》

右碑卒不日，畧也。凡墓碑題書神道，則不書"墓"字，而此書之，莆田方氏以為亦—無亦字。變例也。

右三文繼韓文後

韓文凡四：《殿中少監馬君誌》《太學博士李君誌》《貝州司法參軍李君誌》《南陽樊紹述誌》。李文凡一：《處士侯君誌》。柳文凡五：《故襄陽丞趙君誌》《覃季子銘》《故御史周君碣》《續榮澤尉周君誌》。與此表也，題不書官而書先生，同韓文《貞曜先生誌》例也。

右柳文

墓銘舉例後跋

憶崇禎末年，館西城王氏，甫里許人華至，攜示《古今謚法》及《金石例》二書，予所未有，急手錄之。錄未半，遭湖兵為患，避兵者匝月，比適館，則二書烏有矣。中怏怏逾三十餘年。偶過鄭桐菴先生，言及《金石例》輒出之笥中，覺與前本微異，假歸重錄，別為一帙。復從汲古閣借得《墓銘舉例》又錄一本，與《謚法》合三。既喜夙願得完，更增別本，尤為快意。庶幾酌古準今，於昔人之著有所攷據，無滋疑謬云。

癸丑秋九月望後六日，耿菴漫識，時年七十有二。

《墓銘舉例》四卷，長洲王行止仲編。先以唐韓退之、李習之、柳子厚，次以宋歐陽永叔、尹師魯、曾子固、王介甫、蘇子瞻、陳無己、黃魯直、陳瑩中、晁无咎、張文潛、朱元晦、呂伯恭，凡一十五家之文，舉以為例，足以續蒼厓潘氏《金石例》而補其闕矣。是書未見雕本，抄自無錫秦氏，竊意墓銘莫盛於東漢。鄱陽洪氏所輯《隸釋》《隸續》，其文其銘，體例匪一。宜用止仲之法，舉而臚列之，惜乎予老矣，不能為也。

康熙丙戌立秋日，秀水朱彝尊書。

金石要例一卷

〔清〕黄宗羲 撰

四庫全書提要

　　臣等謹案：《金石要例》一卷，國朝黃宗羲撰。宗羲有《明儒學案》，已別著錄。是書櫽括古人金石之例凡三十六則，後附《論文管見》九則。自序謂："潘蒼崖有《金石例》，大段以昌黎為例，顧未嘗著'為例之義'與'壞例之始'，亦有不必例而例之者。如上代、兄弟、宗族、姻黨，有書有不書，不過以著名不著名，初無定例。故摘其要領，稍為辨正，所以補蒼崖之缺云云。"蒼崖者，元潘昂霄之號，此書蓋補其《金石例》之所遺者也。所收如比干《銅槃銘》，出王球《嘯堂集古錄》，乃宋人偽作；夏侯嬰《石槨銘》，出吳均《西京雜記》，亦齊、梁人影撰，引為證佐，未免失考。又據孫何《碑解論》，碑非文章之名，不知劉勰《文心雕龍》已列此目。如樂府本官署之名，而相沿既久，無不稱歌詞為樂府者。宗羲必繩以古義，亦未免太拘。然宗羲於文律本嫻，其所考證，實較昂霄原書為精密，講金石之文者，固不能不取裁於斯焉。

　　　　　　　　　　乾隆四十二年八月恭校上。
　　　　　　　　總纂官臣紀昀、臣陸錫熊、臣孫士毅。
　　　　　　　　　　　　總校官臣陸費墀。

金石要例卷一

碑版之體，至宋末元初而壞。逮至今日，作者既張、王、李、趙之流，子孫得之以答賻奠與紙錢、寓馬，相為出入，使人知其子姓婚姻而已。其壞又甚於元時，似世系而非世系，似履歷而非履歷，市聲俗軌相沿，不覺其非。元潘蒼崖有《金石例》，大段以昌黎為例，顧未嘗著"為例之義"與"壞例之始"，亦有不必例而例之者。如上代、兄弟、宗族、姻黨，有書有不書，不過以著名不著名，初無定例，乃一一以例言之。余故摘其要領，稍為辯正，所以補蒼崖之缺也。

書合葬例

婦人從夫，故誌合葬者，其題只書"某官某公墓誌銘或墓表"，未有書"暨配某氏"也。張說為《蕭灌神道碑》云："南城侯之夫人同刻碑銘"，其題《贈吏部尚書蕭公神道碑》，其妻韋氏書事實於內，題則不列。楊烱為《王義童神道碑》，其子師本陪葬，亦不別為標題。自唐至元，皆無夫婦同列者。此當起於近世王慎中《集》中，如《處士陳東莊公暨配黎氏墓表》，蓋不一而足也。

婦女誌例

婦女之志，以夫爵冠之，如"某官夫人某氏"，或"某官某人妻某氏"。庾信、陳子昂、張說、獨孤及皆然。若子著名，則以子爵冠之，如柳子厚為王叔文母誌，書"戶部侍郎王公先太夫人河間劉氏"。婦人後夫而死者，其葬書"祔葬"。權德輿《集》中弘農楊氏、河東縣君柳氏、博陵縣君崔氏，皆如此例。

書名例

碑志之作，當直書其名字，而東漢諸銘載其先代，多只書官。唐宋名人文集所志，往往只稱君諱某字、某使。其後至於無考，為可惜。

稱呼例

名位著者稱公。名位雖著，同輩以下稱君，耆舊則稱府君，《昌黎集》中有董府君、獨孤府君、張府君、衛府君、盧府君、韓府君。有文名者稱先生，如昌黎之稱施先生、貞曜先生，皇甫湜之稱昌黎韓先生。友人則稱字，如昌黎之於李元賓、樊紹述、張孝權。元姚牧菴稱趙提刑夫人為楊君，則變例也。

墓誌無銘例

墓誌而無銘者，蓋敘事即銘也。昌黎《張圓之誌》云："敘次其族世、名字、事始終而銘曰"云云。蓋所謂誌銘者，通一篇而言之，非以敘事屬志，韻語屬銘。猶如作賦者，末有"重曰""亂曰"總之，是賦不可謂"重是重，亂是亂"也。故無銘者，猶賦之無"重"、無"亂"者也。正考甫之《鼎銘》云："一命而僂，再命而傴，三命而俯，循牆而走，亦莫敢余侮。饘於是，粥於是，以餬余口。"比干《銅盤》曰："右林左泉，後岡前道，萬世之寧，茲焉是保。"漢滕公《石銘》曰："佳城鬱鬱，三千年見白日，吁嗟！滕公居此室。"此有韻之銘也。季札之喪，孔子銘其墓曰："嗚呼！有吳延陵季子之墓。"衛孔悝鼎銘曰："六月丁亥，公假於太廟。公曰：'叔舅，乃祖莊叔，左右成公。'成公乃命莊叔，随難於漢陽，即宮於宗周，奔走無射，啓右獻公。獻公乃命成叔：'纂乃祖服。乃考文叔，興舊耆欲，作率慶士，躬恤衛國，其勤公家，夙夜不懈。'民咸曰：'休哉！'公曰：'叔舅，予女銘，若纂乃考服。'悝拜稽首，曰：'對揚以辭之，勤大命施於烝彝鼎。'"此無韻之銘也。古來原有此兩樣墓表、神道碑，俱有銘、有不銘。

單銘例

敘事即在韻語中，昌黎《房使君鄭夫人殯表》《大理評事胡君墓銘》《盧渾墓誌銘》。

墓表例

墓表，表其人之大畧可以傳世者，不必細詳行事，如唐文通先生、宋明道之《表》是也。

歐文、胡瑗、石曼卿墓表皆不書子姓。今制：三品以上神道碑，四品以下墓表，銘藏於幽室，人不可見。碑、表施於墓上，以之示人。雖碑、表之名不同，其實一也。故墓表之書子姓，墓表之有銘，不可謂非也。自有墓表，更無墓碣，則墓表之制，方趺圓首可知矣，故與碑分品級。柳州稱"神道表"，神道與墓，無品級之可分也。

神道碑例

柳州《葬令》曰："凡五品以上為碑，龜趺螭首；降五品為碣，方趺圓首。"此碑、碣之分。是凡言碑者，即神道碑也。後世則碣亦謂之碑矣，豈以"神道"二字重於墓乎？地理家以東南為神道，蘇瓌碑建於塋北一十五里，亦曰神道碑。宋孫何《碑解》云："班固有泗亭長碑文，蔡邕有郭有道、陳太丘碑文。其文皆有序冠，篇末則亂之以銘，未嘗以碑為文章之名也。迨李翱為《高愍女碑》，羅隱為《三叔碑》《梅先生碑》，則所謂序與銘皆混而不分，集列其目，亦不復曰文。戾孰甚焉？"今當如班、蔡之作，存序與銘，通謂之文，可也。

楊烱為《成知禮神道碑》，其碑銘之後，有系曰"若楚詞，別自一體"。

婦人、妃、主亦稱神道碑，如張說"和麗妃""鄎①國長公主"，李華"東光縣主"，楊綰"郭汾陽夫人"是也。

行狀例

行狀為議謚而作，與求志而作者，其體稍異。為謚者須將謚法配之，可不書婚娶子姓。昌黎狀董晉亦書子姓，柳州狀段太尉、狀柳渾是也。為求文者，昌黎之狀馬韓、柳州之狀陳京、白香山之狀祖父是也。

婦女行狀例

王魯齋曰："衛公叔文子卒，其子請謚於君曰：'日月有時，將葬矣。請所以易其名者。'請謚之詞意者，今世行狀之始也。自唐以來，有官不應謚亦為行狀者，將求名世之士為之誌銘，而行狀之本意始反矣。觀昌黎、廬陵、東坡三《集》，銘人之墓最多，而行狀共不過五篇，而婦人不為也。又知婦人之不為行狀之意亦明矣。"按江淹為《宋建太妃周氏行狀》，任昉、裴野皆有婦人行狀。非婦人不為行狀也。

行述例

歐陽玄銘曾秀才云："《行述》似翁所自②作"；李术魯翀作

---

① 鄎：原作"息"，據張說《張燕公集》卷二五改。
② 自：據歐陽玄《圭齋文集》卷一〇《曾秀才墓誌銘》補。

《姚天福①神道碑》云"其子侃,以公《行實》徵銘"②。歐陽發作《事迹》③,此皆與"行狀"名異而實同也。今既有"行實",又有"行狀",無乃重出乎。

誄例

誄亦納於壙中,故柳州《虞鳴鶴誄》④云:"追列遺懿,求諸后土。"誌、銘亦可謂之誄。元鄭師山為《洪頤墓誌銘》⑤云:其門人俞溥"狀其言行,俾為之誄,以識其葬"。

子孫為祖父行狀例

今人為其父行狀,稱父之父為王父,王父之父稱為曾王父,曾王父之父稱為高王父,非也。稱謂當以父為主,故穆員狀父云:"高祖宏遠""曾祖固禮""祖思恭""考元休",未嘗以員之自稱易之。孫逖父銘、陳子昂父志皆如之。

---

① 福:本作"樞",據後文"其子侃"等內容及元蘇天爵編《元文類》卷六八、劉昌編《中州名賢文表》卷二九載字朮魯翀撰《大都路都總管姚公神道碑》改。
② 銘:本作"錄",據蘇天爵編《元文類》卷六八、劉昌編《中州名賢文表》卷二十九載字朮魯翀撰《大都路都總管姚公神道碑》改。
③ 歐陽修《歐陽永叔集》附錄卷五有《事蹟》一篇,署"男發等述",乃介紹歐陽修生平之作。
④ 虞鳴鶴誄:原作"虞崔鳴誄",據柳宗元《柳河東集》卷一一改。
⑤ 鄭玉《師山集》卷七題《洪本一先生墓誌銘》。

碑誌煩簡例

誌銘藏於壙中，宜簡；神道碑立於墓上，宜詳。然范仲淹為《种世衡誌》，數千餘言；韓維志程明道，亦數千言；東坡《范蜀公誌》，五千餘言。唯昌黎煩簡得當。

先廟碑例

先廟碑見於《昌黎集》中者，皆敘立廟之由，本其得姓之始，祖功宗德而已。至元則侈大其子孫，於祖宗反畧焉。先瑩、先德、昭先等碑，名雖不同，其義一也。宋景濂為《單氏先瑩碑銘》云："公之勳業，不附先德之後，何以白前人積累之深？"雖昧於造文之體，不暇卹也。當知碑先德而後子孫者，非文之正體矣。

書祖父例

蔡邕《祖攜碑》云：攜字叔業，曾祖父勳，攜生稜，稜生邕。邕至勳，連身六世。故《後漢·邕傳》稱勳為六世祖。而唐穆員為其父《誌》，高祖上一世，則稱五代祖。陳子昂誌父墓：五世祖太樂生高祖方慶，方慶生曾祖湯，湯生祖通，通生皇考辯。柳州父《神道表》：六代祖慶，五代祖旦，高祖楷。蘇子美父《誌》亦然，此當從後。

范育《呂和叔墓表》稱曾祖為皇考，祖為王考。庾承宣為田布碑稱曾祖為王大父。柳州《柳府君墳前石表》辭稱高祖王父，曾祖王父，祖王父。

不書子婦例

女子重所歸，故壻多書，子婦例不書。楊烱為《曹通神道碑》，載子婦一人，以其陪窆於塋內也。裴抗為《田承嗣神道碑》，載子婦二人，以其為公主也。而宋之黃裳誌夫人黃氏：男三，長曰淳，娶孫氏；次曰昱，娶楊氏；少曰延，娶張氏。楊慈湖誌舒元質云：生子五人，曰鈃，叔晦壻；曰鉦，娶袁氏；曰銑，簡女女焉；曰鐈，娶趙氏；曰鑢，叔和之壻也。方大琮誌其父云：大興娶溫陵趙奉直不勁之女，大瑃娶福唐林簡肅栗之孫女，大鏞娶薛左史元昇之孫女。誌林景詵云：男榮公，聘王氏。誌徐母趙氏云：子庭蘭，娶俞料①院某之孫女。此外諸家文集亦不多見，至元而古法蕩然。閻復《廣平王碑》、元明善《淇陽王碑》，無不書子婦矣。

子女不分書所出例

子女皆統於父，雖異母而不分書所出。在唐，如權德輿誌李巽：三夫人，四子，不言某屬某氏。楊綰作《郭汾陽夫人神道碑》：六子八女，俱書夫人下。在宋，歐公誌蘇子美：先娶鄭氏，後娶杜氏，三子；誌梅舜俞：初娶謝氏，再娶刁氏，子男五人，

---

① 料：方大琮《鐵菴集》卷三五《徐母孺人趙氏墓誌銘》作"科"。

女二人。温公誌呂獻可：始娶張氏，後娶時氏，四子六女。荆公志葛源：元配孫氏，繼配盧氏，三子一女；誌蘇安世：娶葉氏，又娶某氏，子四人，女子五人；誌李宗辯：男十五人，女十九人，俱書夫人季氏下。是皆以父為主，不必分属之母，此定例也。然婦無別志，即附見夫志之内者，前後夫人不妨分属子女，如昌黎碑楊燕奇：夫人李氏有男四人、女二人，後夫人雍氏有男一人、女二人；志昭武李公三娶，元配韋氏生子紘、女貢，次配崔氏生綽、紹、綰，今夫人無子。白樂天之志元微之，穆員之志鄭叔，則皆用此例。迨元，姚牧菴碑姚樞，書子女某出某出；虞伯生志牟應龍，亦書某出；張起岩狀張宏，夫人趙氏、姜氏，二子，元節趙出，元里姜出。此非古法之所有也。

婦人誌書子女例

婦人之志，非其所生者不書。臨川誌曾易占：子男六人：曅、鞏、牟、宰、布、肇，女九人；其志夫人吳氏：子男三：鞏、牟、宰，女一。

妾不書例

婢妾所生之子，書其子不書其母。如昌黎志李郱云：夫人博陵崔氏"七男三女，邠為澄城主簿；其嫡激，郿城令、放芮城尉；漢，監察御史；濉、洸、潘，皆進士"。是崔氏所生，只激一人，其六人皆不書其母。誌李惟簡云：夫人崔氏，有四子：長曰元孫；次曰元質、元立、元本。"元立、元本，皆崔氏出"，其二子皆不書其母。誌鄭君云：初娶韋肇女，生二女一男；後娶李則女，生一女二男。其餘男二人，女四人。其餘者，蓋婢妾所生，故不書其母。李定母仇氏，王文公為《李閒誌》，書定於正室浩氏之下，不書仇氏，古例皆然，至元而壞之。劉敏中《忠獻碑》書妾；李謙為《張文謙神道碑》書側室；姚牧菴《阿力海涯碑》書如夫人，《潘澤碑》：子希永，他室李出；蘇天爵《高文貞碑銘》：子男三人，履、恒，麻夫人出，益，側室王氏出；《耶律有尚碑》：子男五人，長楷、次樸、次權，皆伯德夫人出也，次栝、次檢，庶也。宋景濂《方愚菴墓版文》稱妾為少房。

不書子姓及妻例

周、隋碑志，多不書子姓，并不書配。其時夫婦各自為志，故不書。至於合葬者，夫人必書。如庾子山之段永、司馬裔、柳霞、侯莫、陳道生、宇文顯和諸碑是也。後來歐陽為《石守道志》，不書妻某氏，子某名。尹師魯亦不書子名。有書子不書妻，周、隋間多有之。至唐，如孫逖誌李暠、獨孤及志姚子彥皆然。

單書嗣子例

周、隋之碑，單書嗣子，未嘗人人而書也。觀庾子山諸碑：司馬裔，但書世子侃；長孫儉，但書墩等兄弟；紇干宏，但書世子恭等；崔詵，但書世子洪；度辛威，但書世子永達；段永，但書世子岌。唐權文公為《伊慎神道碑》，但書冢嗣，餘書息男十六人。

書孫曾例

昌黎碑誌，只書子女，更無書孫者。孫遜為《杜義寬碑》書孫，以表其墓。權文公為《王端碑》書孫，以其葬王父。白樂天碑崔孚書孫，以其求文。張曲江為呂處真書其孫女、為李仁瞻書其孫，李廻秀為裴希惇書其孫，皆以立碑，故其他皆不書也。至宋，則皆書孫矣。不特孫也，且及於曾孫矣。廬陵《蘇明允誌》書孫；曾子固誌錢純老書孫；東坡狀溫公書孫；子固誌沈率府子三人某某，孫八人某某，曾孫三人某某；東坡《范蜀公誌》書曾孫女；虞伯生碑張宏範書孫六人，某官某，曾孫十一人，某官某。

書孫壻例

葉水心《臧氏誌》書孫壻；虞伯生狀董文用：孫女十人，長適某，次適某某；馬石田銘劉百戶：孫女四人，一適某，一適某。唐時孫壻不敢入碑志，或列之碑陰，與先友一例，權文公之碑王光謙是也。

書外甥例

王文公《仁壽縣太君徐氏誌》，書外孫四十七人。

孫不宜分屬例

今世書孫，又各於孫下，系以某子所出。《爾雅》曰："男子謂姊妹之子為出。"《公羊傳》曰："蓋舅出"，以鄫世子巫與魯襄公俱是莒外孫，同所自出。故凡言出者，因母姓而云也。今以出屬之於父，不通甚矣。且父在，則孫俱屬之父，子不私為一己之有也。

不書壻祖父例

女之所適，但書壻之姓氏，不當及壻之祖父也。元明善誌袁夫人史氏，書女長適宋相史莊肅公嵩之之孫似伯；次適工部尚書余天任之孫昌期；次適宋資政殿大學士史岩之之孫益伯。以顯宦著名，故變例書之。蘇天爵志袁文清女四人，其二人書：適故觀文殿大學士趙某孫田錫，適故相史忠定王玄孫公侑；其二人書：適同知袁州路總管府事趙孟貫，適處州儒學錄余應榘。二書祖父二不書者，以著名不著名也，然已為濫惡。今世不論馬醫夏畦，一概書某某之子若孫某，不知何謂也。

書生卒年月日例

凡書生卒，止書某年某月某日，不書某時。

書國號例

凡書出仕於前代，稱其國號，當代稱皇，柳州柳渾、陳京《狀》，是也。

書妻變例

張景妻唐氏再適，宋祁載之①。

書女變例

韓文公三女，其長女初適李漢，改適樊宗懿，誌書：壻左拾遺李漢、聟集賢校理樊宗懿；次女許嫁陳氏，三女未筓。聟即壻之別名，此皇甫持正變例也。

塔銘例

柳州云：凡葬大浮圖，無竁穴，其於用碑不宜。然柳州之為浮圖碑多矣。今釋氏之葬不曰碑銘，而曰塔銘者，猶存不宜用碑之義也。

---

① 宋祁《景文集》卷五九《故大理評事張公墓誌》云：張晦之名景，"委禽于唐氏，生子一，早夭。晦之即世，夫人奉柩以如許昌，將便時來南，以歲之不易，火而去室"。故此云"張景妻唐氏再適"。

書僧臘例

今之為塔銘者，於其終也。書僧臘若干，世壽若干。《因話錄》云：釋氏結夏，隨其身之輕重，以蠟為其人，解夏之後，以本身驗於蠟人，輕則為妄想耗其氣血矣。今作伏臘之臘，失其義矣。柳州書為僧凡若干年，其壽若干，或凡年若干，為僧若干期。

僧稱公例

凡僧稱某公，皆以其名，宋景濂塔銘可案也。今乃以其字稱公，此村野驅烏所為，奈何文章家因之？

寺碑例

宋景文《筆記》云：碑者，施於墓則下棺，施於廟則繫牲，古人因刻文其上。今佛氏揭大石鏤文，士大夫皆題曰碑銘，何耶？案《儀禮》，"碑在堂下，三分庭之一"，"當碑，揖"。宗廟、路寢、庠序皆有碑，所以識日景，是不特繫牲而用也。碑於釋氏，無礙名義，如王簡栖《頭陀寺碑文》，其來已久矣。

銘法例

《祭統》："銘之義，稱美而不稱惡。此孝子孝孫之心也。"故昌黎云"應銘法"，若不應銘法，則不銘之矣，以此寓褒貶於其間。然昌黎之於子厚，言"少年勇於為人，不自貴重"；誌李干，單書服"秘藥"一事，"以為世戒"；誌李虛中，亦書其"以水銀為黃金服之"，冀不死；誌王適，書其謾侯高事；誌李道古，言其薦"妄人柳泌"。皆不掩所短，非截然諛墓者也。

論文管見附

昌黎"陳言之務去"。所謂"陳言"者，每一題必有庸人思路共集之處，纏繞筆端，剝去一層，方有至理可言，猶如玉在璞中，鑿開頑璞，方始見玉，不可認璞為玉也。不知者，求之字句之間，則必如《曹成王碑》。乃謂之去"陳言"，豈文從字順者，為昌黎之所不能去乎？

言之不文，不能行遠。今人所習，大概世俗之調，無異吏胥之案牘，旗亭之日曆。即有議論敘事，敝車羸馬，終非鹵簿中物。學文者，須熟讀三史八家，將平日一副家僮，盡行籍沒，重新積聚。竹頭木屑，常談委事，無不有來歷而後方可下筆。顧儕父以世俗常見者為清真，反視此為脂粉，亦可笑也。

作文雖不貴模倣，然要使古今體式，無不備於胸中，始不為大題目所壓倒，有如女紅之花樣。成都之錦自與三村之越異其機軸，今人見歐、曾一二轉折，自詫能文。余嘗見小兒搏泥為炕，擊之石上，鏗然有聲，泥多者聲宏，若以一丸為之，總使能響，其聲幾何？此古人所以讀萬卷也。

敘事須有風韻，不可擔板。今人見此，遂以為小說家伎倆，不觀《晉書》、南北《史》列傳，每寫一二無關係之事，使其人之精神生動，此頰上三毫也。史遷伯夷、孟子、屈、賈等傳，俱以風韻勝，其填《尚書》《國策》者，稍覺擔板矣。

　　文必本之《六經》，始有根本。唯劉向、曾鞏多引經語，至於韓、歐，融聖人之意而出之，不必用經，自然經術之文也。近見巨子，動將經文填塞，以希經術，去之遠矣。

　　文以理為主，然而情不至，則亦理之郭廓耳。廬陵之誌交友，無不嗚咽；子厚之言身世，莫不悽愴。郝陵川之處真州，戴剡源之入故都，其言皆能惻惻動人。古今自有一種文章，不可磨滅，真是"天若有情天亦老"者。而世不乏堂堂之陣，正正之旗，皆以大文目之，顧其中無可以移人之情者，所謂剗然無物者也。

　　作文不可倒却架子。為二氏之文，須如堂上之人，分別堂下臧否。韓、歐、曾、王，莫不皆然，東坡稍稍放寬。至於宋景濂，其為《大浮屠塔銘》，和身倒入，便非儒者氣象。王元美為章賁誌①，以刻工例之徵明、伯虎；太函傳查八十②，許以節俠，抑又下矣。

　　廬陵誌楊次公云：其子不以銘屬他人而以屬修者，以修言為可信也，然則銘之，其可不信③？表薛宗道云："後世立④言者，自疑於不信"，又"惟恐不為世之信也"。今之為碑版者，其有能信者乎？而不信先自其子孫始。子孫之不信，先自其官爵贈諡始。聊舉一事，以例其餘。如某主江西試，以試策犯時忌，削籍。有

---

① 王世貞《弇州續稿》卷九一題《章賁谷墓誌銘》。
② 太函傳查八十：明人汪道昆（1526—1593），號太函，曾作《查八十傳》，故云。明人賀復徵編《文章辨體彙選》卷五百三十八收錄有《查八十傳》。
③ 歐陽修《歐陽永叔集》卷二九《翰林侍讀學士右諫議大夫楊公墓誌銘》云："其子不以銘屬於他人而以屬修者，豈以修言為可信也歟！然則銘之，其可不信？"
④ 立：歐陽修《歐陽永叔集》卷二四《內殿崇班薛君墓表》作"衰"。

無賴子高守謙結黨十餘人，恐喝索賂，某不應，遂掠其資以去，某尋死。崇禎初昭雪，死事者竄名其中，得贈侍讀學士。今其子孫，乃言逆奄竊柄，某抗疏糾參，幾至不測，閣臣為之救解，已而理刑，指揮高守謙等緹騎逮訊。某辯論侃侃，被拷掠而斃。崇禎初，贈侍讀學士，諡文忠。脫空無一事實，不知文忠之諡，誰則為之，且并無賴之高守謙，授以偽官，真可笑也。潘汝禎建逆奄祠於西湖，某已臥病不能起。奄敗，遂有言某入祠不拜，為守祠奄人所挺，因而致死。以之入奏者，今無不信之矣。近見修志，有無名子之子孫，以其父祖入於"文苑"，勃然不悅，必欲入之"儒林"而止。嗚呼！人心如是，文章一道，所宜亟廢矣。

　　所謂文者，未有不寫其心之所明者也。心苟未明，劬勞憔悴於章句之間，不過枝葉耳，無所附之而生。故古今來不必文，人始有至文。凡九流百家，以其所明者，沛然隨地湧出，便是至文。故使子美而談劍器，必不能如公孫之波瀾；柳州而敘宮室，必不能如梓人之曲盡。此豈可強者哉？

參考文獻

［1］〔元〕潘昂霄：《金石例》，清隨庵徐氏叢書本。

［2］《金石三例》，光緒四年讀有用書三刊王芑孫點評本。

［3］繆荃孫：《金石例札記》，清隨庵徐氏叢書本《金石例》附錄。

［4］宋元人注《四書五經》，中國書店 1984 年影印本。

［5］〔漢〕司馬遷：《史記》，中華書局 1959 年版。

［6］〔後晋〕劉昫等：《舊唐書》，中華書局 1975 年版。

［7］〔宋〕歐陽修、宋祁等：《新唐書》，中華書局 1975 年版。

［8］〔宋〕李濤：《續資治通鑒長編》，中華書局 1975 年版。

［9］〔明〕宋濂等：《元史》，中華書局 1976 年版。

［10］〔民國〕柯劭忞：《新元史》，中國書店出版社 1988 年版。

［11］〔清〕張廷玉等：《明史》，中華書局 1974 年版。

［12］《山東通志》，文淵閣《四庫全書》本。

［13］〔明〕焦竑：《國朝獻徵錄》，《續修四庫全書》本。

［14］〔宋〕王應麟：《玉海》，文淵閣《四庫全書》本。

［15］〔宋〕曾慥：《類說》，文淵閣《四庫全書》本。

[16]〔清〕董誥:《全唐文》,中華書局1983年影印本。

[17]〔元〕蘇天爵:《元文類》,商務印書館1958年版。

[18]〔南朝〕劉勰著,周振甫注:《文心雕龍注釋》,人民出版社1981年版。

[19]〔唐〕韓愈:《韓昌黎集》,商務印書館1958年版。

[20]〔唐〕柳宗元:《柳河東集》,中華書局1958年版。

[21]〔唐〕封演:《封氏聞見記》,國家圖書館出版社2012年版。

[22]〔唐〕張說:《張燕公集》,文淵閣《四庫全書》本。

[23]〔宋〕歐陽修:《歐陽永叔集》,商務印書館,1958年版。

[24]〔宋〕宋祁:《景文集》,文淵閣《四庫全書》本。

[25]〔宋〕宋敏求撰,誠剛點校:《春明退朝錄》,中華書局1980年版。

[26]〔宋〕蘇軾著,孔凡禮點校:《蘇軾文集》,中華書局1986年版。

[27]〔宋〕曾鞏:《南豐曾子固先生集》,北京圖書館出版社2005年版。

[28]〔宋〕王安石:《王安石全集》,上海人民出版社1999年版。

[29]〔宋〕晁補之:《雞肋集》,文淵閣《四庫全書》本。

[30]〔宋〕陳師道:《後山居士文集》,上海古籍出版社1984年版。

[31]〔宋〕周必大:《文忠集》,文淵閣《四庫全書》本。

[32]〔宋〕黃庭堅:《山谷集》,文淵閣《四庫全書》本。

[33]〔宋〕方大琮:《鐵菴集》,文淵閣《四庫全書》本。

[34]〔宋〕朱熹:《晦庵先生文集》,北京圖書館出版社2004年版。

[35]〔宋〕呂祖謙:《東萊呂太史文集》,北京圖書館出版社2005年版。

[36]〔宋〕劉元高:《三劉家集》,文淵閣《四庫全書》本。

[37]〔金〕元好問:《元好問全集》,山西人民出版社1990年版。

[38]〔元〕歐陽玄:《圭齋文集》,文淵閣《四庫全書》本。

[39]〔元〕劉因:《靜修集》,文淵閣《四庫全書》本。

[40]〔元〕柳貫:《待制集》,文淵閣《四庫全書》本。

[41]〔元〕鄭玉:《師山集》,文淵閣《四庫全書》本。

[42]〔明〕宋濂:《文憲集》,文淵閣《四庫全書》本。

[43]〔明〕劉昌:《中州名賢文表》,文淵閣《四庫全書》本。

[44]〔明〕何喬新:《椒邱文集》,文淵閣《四庫全書》本。

[45]〔明〕王世貞:《弇州續稿》,文淵閣《四庫全書》本。

[46]〔明〕賀復徵:《文章辨體彙選》,文淵閣《四庫全書》本。

後　記

近年來，筆者開始關注出土墓誌文，並致力於研究河南現存宋金元碑刻文獻。在檢索文獻的過程中，看到了前人對於碑刻文獻的一些研究成果，認識到了《金石例》《墓銘舉例》《金石要例》對於今人研究碑刻文獻的參考價值，遂於 2012 年起著手對《金石三例》進行整理，利用了兩年業餘時間完成了整理工作。鄭州大學歷史學院 2012 級研究生許世娣同學作了許多初步核對工作，許世娣同學在最後階段還幫助我核對了注文所依據的文獻，這個點校本凝聚了她的辛勤勞動。同時整理工作受到了鄭州大學歷史學院的關注，歷史學院領導給予了出版經費的支持。中州古籍出版社王小方先生得知筆者整理《金石三例》後，給予多方指導和鼓勵，並欣然擔任本書的責任編輯，使該書最終得以出版。付梓之際，並致謝意。

淮建利
2014 年 12 月

本書出版得到鄭州大學
中國史學科的經費贊助